# 马匹
## 健康攻略和马术欣赏

主编 盛文伟 夏炉明

上海科技教育出版社

图书在版编目(CIP)数据

马匹健康攻略和马术欣赏 / 盛文伟,夏炉明主编. 上海:上海科技教育出版社,2025.4. -- ISBN 978-7-5428-8388-9

Ⅰ.G882.1

中国国家版本馆CIP数据核字第2024LT8316号

责任编辑　蔡　婷　周彦呈
封面设计　杨　静
版式设计　李梦雪

## 马匹健康攻略和马术欣赏

主编　盛文伟　夏炉明

出版发行　上海科技教育出版社有限公司
　　　　　(上海市闵行区号景路159弄A座8楼　邮政编码201101)
网　　址　www.sste.com　www.ewen.co
经　　销　各地新华书店
印　　刷　上海盛通时代印刷有限公司
开　　本　720×1000　1/16
印　　张　9.75
版　　次　2025年4月第1版
印　　次　2025年4月第1次印刷
书　　号　ISBN 978-7-5428-8388-9/S·22
定　　价　60.00元

## 编写者名单

主　编　盛文伟　夏炉明

主　审　黄士新

副主编　赵洪进　张树良　吴秀娟

编　者　陈　琦　范晓睿　李兴骏　李增强
　　　　陈伟锋　朱晓英　常晓静　范玉凤
　　　　朱亭仪　于　涛　卢春光　吴文辉
　　　　孙　清　李守富　韩宏晓　陈　亮

绘　图　袁梓涵

# 前　言

　　马,始终伴随着人类的步伐,一起参与了中国乃至世界几千年的文明进程。没有马,人类的历史或将逊色许多。在古代中国,马是"六畜之首",与猪、羊不同,驯养马的目的是"力役",以马代步,行商传邮、驮运货物。唐朝诗人杜牧的诗句"一骑红尘妃子笑,无人知是荔枝来",描写的就是飞马运送荔枝的情景。在古代战场上,马是重要的战争资源,相当于现代战争中的坦克,是骁勇战将的坐骑。古典文献中"千乘之国"的记载表明,马拉战车数量的多寡是衡量一个国家军事实力的重要指标。在欧洲,马是贵族身份的标志,也是权力的象征,骑马对西方人而言不但是一种艺术,更是一门学问。

　　随着社会进步和经济发展,马的交通运输功能逐渐削弱,由古代生产和战争演化而来的马术越来越受到人们的青睐。马术运动除了作为一项竞技类体育运动,其休闲娱乐、文化旅游的特性逐渐被挖掘,成为都市人的一种时尚休闲新方式。面对越来越多的马匹饲养者和马术爱好者,我们认为十分有必要全面科普有关马的起源、文化、生理特征、饲养与健康管理，以及马术运动等知识。为此，上海市动物疫病预防控制中心组织从事马匹疾病和人兽共患病防控、兽医公共卫生以及马术教练等方面的专家，根据目前爱马人士的需求编写了本书。

本书内容分为四个部分，第一部分"爱马人士必修课"，分别从马的起源、马的特征、马的文化欣赏三个方面进行概述，力求对马的历史渊源、象征意义和基本特征进行轮廓"画像"；第二部分"马匹饲养员须知"，介绍了马匹饲养管理、马厩管理等基本知识，以便加强马匹的科学饲养，保障人和马的安全，提升马匹福利；第三部分"马术爱好者入门"，全面介绍了马术运动的起源与发展、奥运竞技马术、非奥运竞技马术，以及民间马术运动的内容、看点和规则等，为马术爱好者提供入门级学习支持；第四部分"与马儿共渡难关"，列出了日常饲养中马匹常见传染病和人兽共患病的传播途径、临床症状以及预防措施，以保障马匹和主人的健康以及社会公共卫生安全。

本书编写力求内容全面、简明、扼要和通俗易懂。部分内容采用轻松有趣的科学问答形式，并结合形象、生动的绘画插图，旨在提高读者阅读的兴趣，帮助其更好地理解科普内容。

全书图文并茂，融科学性、知识性、实用性于一体，叙述方式灵动、活泼，贴近读者视角，兼具理性和感性，内容雅俗兼资，可供马匹饲养者和马术爱好者查阅参考。

由于编者水平有限，编写时间仓促，书中难免有错误和不当之处，敬请读者批评指正。

编　者

2025 年 1 月

# 目　录

## 第一章　爱马人士必修课 / 002
### 第一节　马的起源 / 003
一、马的进化历程 / 003
二、马的品种分类 / 005
### 第二节　马的特征 / 012
一、马的生理特征 / 012
二、马的心理特征 / 023
### 第三节　马文化欣赏 / 027
一、中国马文化 / 028
二、中国历史故事中的名马 / 029
三、汉语特殊表达中的马 / 031
四、中西方艺术作品中的马 / 031

## 第二章　马匹饲养员须知 / 035
### 第一节　马儿爱吃草 / 036
一、马儿的饮食 / 036

二、不同年龄段马儿的饲养管理 / 040

**第二节　马儿的快乐生活** / 046

　　一、马儿如何跑得欢 / 046

　　二、马儿保健小课堂 / 049

　　三、马儿的大房子 / 054

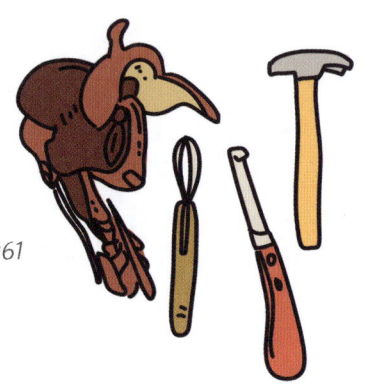

# 第三章　马术爱好者入门 / 061

**第一节　马术的渊源** / 062

　　一、马最早的用途 / 062

　　二、马术文化与骑士精神 / 063

　　三、骑马的奥秘 / 065

　　四、认识马术 / 070

**第二节　马术集锦** / 077

　　一、奥运竞技马术项目 / 079

　　二、非奥运竞技马术项目 / 086

　　三、民间马术活动 / 096

# 第四章　与马儿共渡难关 / 100

**第一节　马匹症状解析** / 101

　　一、常见消化系统症状 / 101

　　二、常见呼吸系统症状 / 106

  三、常见全身性症状 / 109

**第二节  马的重要疾病** / 113

  一、病毒病 / 113

  二、细菌病 / 118

  三、真菌病 / 120

  四、寄生虫病 / 122

**第三节  马的人兽共患病** / 126

  一、病毒病 / 126

  二、细菌病 / 135

**附    录  马匹交易运输指南** / 140

  一、如何合法地进行马匹交易 / 140

  二、马匹运输也要"懂法" / 141

  三、马匹检疫管理 / 146

# 第一章
## 爱马人士必修课

## 第一节　马的起源

### 一、马的进化历程

马,与地球上的其他生物一样,经历了漫长的进化过程。目前普遍认为始祖马是现代马的祖先,生活在4500万~6000万年前北美洲大陆的灌木丛林中。

#### (一)现代马的祖先——始祖马

始祖马和现代马除了在DNA上存在进化关系外,其实很难联系起来。始祖马,又名始新马或始马,属于古兽马科,是与马及雷兽有关的科。它们的前肢有四趾,而后肢则有三趾;体型和今天的马相比实在太小,平均体型的身长只有78cm,身高20cm,重量更是只有9kg,可以说只比现代的大型兔略大一点。它们四肢细长,体型紧凑小巧,可以在草丛和灌木中穿行,喜欢吃嫩树叶和草,而且非常擅长跳跃。这一小巧的体型甚至让早期古生物学家误以为他们发现了一种非洲蹄兔的古老亲戚。因此,始祖马的拉丁语学名 *Hyracotherium* 意为"似蹄兔兽"。在如今的分类学上,古生物学家已经将始祖马列为奇蹄目下独立的古兽马科,这个科与现代的马科属于旁系群,而与貘、犀牛、雷兽是近亲,甚至可能存在着演化关系。

当然,即使没有"现代马祖先"

这一光环,始祖马也是一个传奇的物种。始新世时期整个地球气温急速升高,森林覆盖面积达到了整个新生代的巅峰。当时分割亚欧和北美的白令海尚未出现,始祖马通过这条古老的陆桥通道,来到了亚欧大陆,并开始在亚欧大陆繁衍进化。从始祖马的牙齿化石来看,相对于草本之躯,它们更习惯于吃水果、树叶和植物嫩芽,由于有了丰富的食物来源,自然迅速繁殖起来,始祖马的体型也变得越来越大。

当始祖马来到更加适宜马生存的亚欧大陆之后,也面临更多威胁。亚欧大陆不像北美大陆有大量的灌木丛,而是有大量大片草原平地。因此,为了避免被天敌捕猎,始祖马逐渐进化得善于奔跑。而随着气候的变化,没有进化的美洲始祖马逐渐灭绝。此外,始祖马的牙齿所导致它们在食性方面的局限,也使其更加容易受到环境变化的影响,最后甚至在始新世物种大灭绝之前便走向灭绝。

(二)始祖马如何进化到现代马

自从始祖马走向亚欧大陆之后,马就开始向现代的形态进化。始祖马的下一个非常重要的进化阶段是渐新马。渐新马又称"间马",是古代马进化到现代马的一个重要节点。渐新马的背部肌肉开始变得更发达,脚变成三趾,奔跑速度明显提升,开始趋向于用单趾(主要是中趾)站立和运动。渐新马在北美大陆和亚欧大陆均有发现,会吃树枝及水果,它们的颅腔明显比其祖先的大,估计脑部与现代马相似。

草原古马是渐新马的后代。从名字不难看出,这个时候的马已经从北美的灌木丛来到亚欧大陆的草原。草原古马约诞生于2000万年前,其骨骼开始明显趋于现代马匹,头骨伸长,已经完全用单趾运动,更加适应奔跑。

从草原古马开始,短暂出现过三趾马和上新马,再进化出真马,而后通过人类的驯化和繁育进化成为现代马,马的进化经历了很长的历程。马的主要进化方向是适应草原、高原等不同地理环境的生活,同时也一直在奔跑的方向上进化。现代马算是非常善于奔跑的动物,骨骼较一般动物坚硬,肌肉与韧带的强度较大。

马的成功驯化影响了人类的历史进程。它们帮助人类建设城镇、耕种土地、开拓疆域,曾是人类的主要运输工具之一。在人类历史上象征着胜利、主权、财富、贵族和死亡等。现代家马原产于亚欧大陆中心,源于6000多年前就被人类驯养的欧洲野马。早期的马匹驯养遗址于乌克兰草原、哈萨克斯坦中亚草原等地被发现。美洲大陆原生的野马族群约于公元前2万年灭绝;直至15世纪后,欧洲殖民者才将亚欧大陆的家马引进美洲和未曾产马的澳大利亚。

## 二、马的品种分类

对于不了解马的人来说,会觉得马之间最显著的区别是个头和毛色。事实上,马是一个多样化的物种,目前世界上存栏的马数量有7000万匹之多,大致可命名出300余个品种。

### (一)马的常见分类方法

对于马的品种分类,学者站在不同的角度提出许多不同的分类方法。

**1. 按生活环境分类**

**草原马** 生活在广阔的草原上,性格独立。草原马是奔跑速度最快、进化最充分、适应性最强且警觉性较高的马,不易驯服与亲近。其体质结实、粗壮,体躯深广而长,四肢短粗,被毛厚密,长毛发达,性情骠悍,富持久力。其中最有名的品种之一就是中国的蒙古马。

**山地马** 生活在高原山地，性格机敏。山地马虽然速度没有草原马快，但其四肢更强健且更灵巧，在走山路或是运输上有更强的能力。其体格不大，四肢强健，体质坚实，行动灵活，善走山路。山地马在中国也比较常见，分布于青藏高原与云贵高原。有名品种有百色马、宁强马、卡巴金马等。

**沙漠马** 生活在沙漠地区。其体质细致、干燥，皮薄毛细，胸窄腹小，气质活泼，既耐饥渴，又耐酷热严寒，速度快且富持久力，鬃鬣、尾鬃等长毛较少，代谢作用较快，有较快的行动速度，多具有乘用马的体型。其中，阿拉伯马被称为"沙漠王者"，它们具有极强的适应性及生存能力、一流的身体素质、无法比拟的耐力和温和亲近的性情。

**森林马** 生活在气候较冷的森林地带。其体格不大，略显粗重，躯干深广，四肢短粗，胃肠功能发达，肌肉丰满，被毛厚密，长毛较多。有名的品种有雅库特马、爱沙尼亚马等。

### 2. 按血统分类

**纯血马** 世界上最古老、血统最纯正的三个马种分别是阿拉伯马、阿哈尔捷金马以及蒙古马。这三个马种可谓"祖宗马"，其他马种都是由这三种马在漫长的时间中，逐步地杂交、演变，再杂交，再演变，一步步形成的。然而它们并非纯血马。纯血马的远祖是英国当地原始赛马加洛韦马、西班牙马、威尔士马与东方马种阿拉伯马经过长期杂交改良育成的。所以，"纯"在这里的意思是指性状稳定而不是血统的纯正。纯血马在不断的杂交中，获取稳定遗传的基因，保证其后代拥有同样的优秀性状。纯血马以中短距离速力快称霸世界，该品种的遗传性状稳定，对改良其他品种提高速力极为有效。

**半血马**　一般是指含有纯血马血统的混血马。比如"改良马",特指用国外引进的优良马种与本土马种(蒙古马、哈萨克马等)杂交而产生的混血马,以改进其体质、使役性能等。马匹的血统对于现代的运动马繁育来说是非常重要的,对于欧洲很多专业的驯马师来说,马匹的血统是第一位的。比较有名的血统有英国温血马,法国的塞拉法兰西马,西班牙的安达卢西亚马,德国的奥登堡马、特雷克纳马、汉诺威马和霍尔斯坦马,以及荷兰皇家温血马、瑞典温血马等。这些血统都是欧洲各国驯马师用数代人的努力改良出的良好血统,其中成绩特别卓越、运动状态非常好的血统,会出现一些"家族",例如德国的Sandro Hit家族等。这些家族往往开始于一匹或几匹最好的、有血缘关系的马。

### 3. 按体质性情分类

**热血马**　神经活动及对外界刺激反应强烈,性情刚烈且难以驾驭,是最有精神的马,奔跑速度快,通常作为赛马来参加速度竞赛。最有代表性的品种有阿拉伯马以及英国的纯血马等。

**冷血马**　神经活动迟钝,对外界刺激不敏感,性情安静沉稳,体型比较庞大,容易饲养,饲料利用率高,工作性能好,通常作为工作马来进行劳作,很少用来骑乘。比较有代表性的品种有苏格兰的克莱兹代尔马以及法国的佩尔什马等。

**温血马**　在体型、性情上介于热血马与冷血马之间,由热血和冷血马杂交,然后经过长时间培育而形成的,既保留了一定的稳定性,又具有较好的运动性,通常作为骑乘以及马术比赛等用马。最具代表性的品种有德国的霍尔斯坦马以及特雷克纳马。

### 4. 按培育程度分类

**自然品种**　又称土种或地方品种。由于终年生活于自然环境之中,受人的影响较少,所以保留着原始马匹的许多特点。代表性品种如蒙古马、哈萨克马等。

**培育品种**　受到人类驯化的积极影响,由育种人进行人工选择繁育,

马匹的体质、性情等开始按照人的计划发生改变。

**育成品种** 经过育种人长期有计划地选择、繁育,已形成足够数量和种群。我国代表性品种有伊犁马、三河马等。

此外,按照历史起源和原产地,可将马分为东方种和西方种;按体型大小直观分类,如大型马(体高在1.44m以上)、小型马(体高在1.2～1.44m)和小矮马(体高在1.2m以下);也可用育种人对马进命名,如奥尔洛夫马、摩根马等;按照经济用途或体育竞技项目,还可以将马分为乘用型、挽用型、兼用型,或直接称之为速度马、障碍马、舞步马、马球马等。

同一匹马可以同时归于不同的分类,有不同的身份。

### (二)马的一些特殊品种

#### 1. 适合家庭饲养的宠物马

近年来,随着人们生活水平的提高,越来越多人开始将马作为宠物饲养。然而,并非所有马都适合家庭饲养,在选择宠物马时,需要综合考虑多个因素。

**常见的宠物马品种** 世界上有许多马品种,其中一些品种比较适合家庭饲养。

(1) 设得兰矮脚马(Shetlend pony):这种马体型小巧,性格温顺,非常适合儿童骑乘和饲养。

(2) 阿帕卢萨马(Appaloosa horse):这种马拥有独特的斑点皮毛,性格活泼,容易训练。

(3) 摩根马(Morgan horse):这种马体型中等,性格沉稳可靠,是理想的家庭用马。

(4) 苏格兰高地马(Scottish highland pony):这种马体型强壮,性格勇敢坚毅,适合用于拉车或驮运。

(5) 威尔士小矮脚马(Welsh pony):这种马体型非常小巧,性格温顺友善,是深受儿童喜爱的宠物马。

**选择宠物马的注意事项** 在选择宠物马时,除了考虑品种因素外,还需要考虑以下几点。

(1) 马的年龄对性格有影响。幼年马活泼好动,但需要更多的训练和照顾;成年马性格相对稳定,但可能已经形成一些习惯。

(2) 马的性别也需要考虑。一般来说,骟过的马(又称阉马,是去势过的马)性格更加温顺,更适合家庭饲养。

(3) 需要安排充足的空间和条件,包括马厩、牧场、训练场地等。同时,还需要一定的经济投入,包括饲料、马具、兽医等费用。现代社会很多宠物马主人因为家中无法圈养,将马匹寄养在马术俱乐部,供周末和假期娱乐。

(4) 选到心仪马儿后,一定要仔细检查马的健康状况,确保马匹没有疾病或受伤。

饲养宠物马是一项长期的责任,需要投入大量的爱心和时间。在饲养马匹前,应做好充分的准备,确保能够为马匹提供良好的生活环境和照料。同时,要注意与邻居搞好关系,避免马匹造成的噪声或污染影响他人。祝愿所有爱马人士都能与自己的马匹建立起深厚的情感,享受与马匹共同生活的乐趣。

**2. 汗血宝马的"汗血"之谜**

2000年来,有一种马一直被我们神秘地称为"汗血宝马",它外表英俊

神武,体型优美、轻快灵活,具有无穷的持久力和耐力。它们犹如天空中的闪电,划破历史的长空,留下令人传颂的传奇故事。

"汗血宝马"在历史上大都作为宫廷用马,成吉思汗等许多帝王都曾以这种马为坐骑,其最早记录是在2100年前的西汉。汉初白登之围时,汉高祖刘邦率30万大军被凶悍勇猛的匈奴骑兵所困,匈奴骑兵的坐骑"汗血宝马"给汉高祖留下了极深的印象。为夺取"汗血宝马",西汉政权与大宛国发生过两次血腥战争,最终于公元前107年,大宛国与汉军议和,约定每年向汉朝选送良马,汉军挑选了3000匹良马运回中原,但这些马经过长途跋涉后损失惨重,到达玉门关时仅余1000多匹。得到"汗血宝马"的汉武帝非常高兴,并将"汗血宝马"与蒙古马杂交。从此,中原的马种得到改良,汉代的生产力和军队的装备也因此大幅增强。

《史记》中记载,张骞出西域,归来说,西域"多善马,马汗血"。为什么汗血呢?因其奔跑时脖颈部位流出的汗液中有红色物质,鲜红似血,故称之为"汗血宝马"。美国汉学家德效骞在翻译《前汉书》时将"汗血"解释为系"马病所致"。他认为,在此种马的臀部和背部有一种寄生虫,钻入马皮2h内就会导致马的皮肤往外渗血。另外有学者认为,"汗血宝马"在奔跑时体温上升,导致有少量红色血浆从毛孔中渗出,出现"汗血"现象。但如果"汗血"确实为血浆流出所致,那"日行千里"或"夜行八百",马就会因血液流尽而死,显然这个说法不符合逻辑。目前主流观点认为"汗血宝马"的皮肤较薄,奔跑时,会看到血液在血管中流动。另外,马的肩部和颈部汗腺发达,马出汗时往往先潮后湿,特别是枣红色毛或栗色毛的马,出汗后局部颜色会显得更加鲜艳,给人以"流血"的错觉。

"汗血宝马"从汉朝进入我国一直到元朝,繁衍生息上千年。古代中国只有一个"汗血宝马"繁育基地,那就是位于河西走廊的山丹军马场,由西汉大将霍去病建立。但近代以来,已很难见到"汗血宝马",在我国几近绝迹。目前只有在土库曼斯坦和俄罗斯境内,还生存有数千匹"汗血宝马"。

### 3. 马、驴、骡的区分

在广袤的乡村田野间,或是悠然的牧场上,我们常常能见到马、驴的身影,它们或矫健地奔跑,或悠闲地漫步。然而,当提到马骡、驴骡时,许多人可能会感到困惑,这些名字相似的动物,究竟如何区分呢?现在就让我们一起揭开它们的神秘面纱。

**马** 作为人类的忠实伙伴,马的身体强壮而匀称,四肢修长有力,自古以来就以其优雅的体态和出色的奔跑能力著称。其头部长而直,眼睛明亮而深邃,给人一种威严而又不失亲切的感觉。马的毛发光滑而富有光泽,毛色多样,从纯白的"雪域神驹"到深邃的黑马,每一种毛色都散发着独特的魅力。

**驴** 与马相比,驴的体型较小,头部短而宽,耳朵大而长,毛色通常为灰色或棕色,给人一种朴实无华、憨厚可爱的感觉。其四肢虽然不如马那么修长,却更加粗壮有力,适合在崎岖的山路上行走。驴的耐力极强,被誉为"沙漠之舟",在艰苦的环境中也能生存下来。

**马骡和驴骡** 当谈到马骡和驴骡时,情况就变得复杂了。其实,这两种动物都是杂交品种,是马和驴交配产生的后代。马骡是公驴与母马交配所生后代,它们通常具有马的体型和驴的耐力,其头部与马相似,但耳朵稍长,体高比马要矮一些,毛色多为棕色或黑色。而驴骡则是公马与母驴交配所生后代,它们通常具有驴的体型和马的速度,其头部与驴相似,但体型较大,四肢修长,毛色多为灰色或白色。虽然马骡和驴骡在外观上有一定相似性,但它们之间的区别还是十分明显的。体型上,马骡通常比驴骡更加高大健壮;性格上,马骡通常比驴骡更加温顺易驯;用途上,马骡更适合于长途运输和重载工作,而驴骡则更适合于短途运输和轻便工作。

所以,我们可以通过马、驴、马骡、驴骡这四种动物的基本特征去区分它们。每一种动物都有其独特的魅力和价值,它们共同构成这个丰富多彩的生物世界。

## 第二节　马的特征

接下来,让我们一起认识马儿的外形以及各功能系统的生理结构与特性,深入了解马儿的习性。

### 一、马的生理特征

#### (一)马的外形特征

**1. 面部**

马儿的面部长且平直,有一对短短的耳朵竖在上方。它们的耳朵很灵活,可以独立旋转180°。马儿的眼睛位于头部两侧,双眼间距大,为它们提供广阔的视野范围。马儿的鼻孔宽大,它们能自主控制鼻孔开闭,来调节吸入的空气量。

### 2. 毛发

马儿的毛发包括体表的被毛、颈部的鬃毛、尾巴的尾毛以及眼睛和嘴周围的须毛。马儿的毛色多样,常见的颜色包括骝色、青色、栗色和黑色等。被毛具有调节体温的作用,夏季被毛短而光滑,冬季被毛长而密集。鬃毛自额头延伸至肩部,覆盖整个颈部背侧。鬃毛和尾毛既长又浓密,在奔跑的过程中随着风飘动,非常漂亮。

### 3. 蹄部

马儿四肢修长,与牛羊不同,它们蹄部的第二、第四趾退化,第三趾发育形成单蹄。马蹄呈椭圆形,由角质层、蹄壁和蹄底组成。马蹄坚硬厚实,蹄壁和蹄底共同作用,能保护马蹄内部的软组织,分散马儿的体重,同时减少地面对蹄部的冲击。

### 4. 体重

不同品种的马儿在体重上有很大差异。小型马和矮种马体重通常为200~400kg,轻型马为400~600kg,而重型马体重为600~1000kg,重的甚至可达1200kg。

## (二)马的生理系统与习性特点

马儿是群居性动物,有着强烈的社交需求和领地意识。在自然环境中,马儿会通过相互间的接触,观测不同的声音和体态来交流,并建立起复杂的社交关系。在野外,马儿属于被捕食性动物,群居可以让它们更好地防范捕食者。马群往往通过团队协作来抵御天敌,它们会分工合作,有的负责警戒,有的负责照顾幼崽。有时,它们也会因为领地争夺、食物竞

争等而展现出攻击性。落单的马儿失去同伴,脱离群体的保护,其注意力会高度集中,不能安心地吃草,也不敢放松休息,会非常焦虑不安,急于和同伴在一起。同样地,圈养在马厩的马儿也是非常需要朋友的。当人类与马儿接触时,通过适当的训练和社会化过程,可以使马儿变得温顺并建立起亲密的关系。这一过程需要耐心、爱心和专业的技能。我们可以通过给它刷毛来促进人马关系,建立起相互信任。马儿会记得你在身边时,让它感到舒适。这需要在有一定经验的情况下才能做好,只要你愿意,你也可以成为马儿的好朋友。

同时,自然界中的群居动物都有等级制度,马儿也不例外。等级高的马儿会在吃东西、喝水,甚至休息的时候抢占更好的位置,会驱离甚至攻击等级低的马,攻击方式为咬或踢。有的马儿不喜欢别的马离它很近,太近的话就会有攻击行为。所以在我们日常骑乘的时候,注意和别人的马儿保持一定的安全距离非常关键,能避免人和马受伤。

此外，由于马厩设施、环境、管理等因素，有时会导致马儿养成不良的恶习。这些坏习惯或怪癖，甚至会妨碍马儿的健康。一般常见的有啃东西、咽气癖、踢厩、擦尾巴、抵抗授意、咬人、咬马、点头、摇晃和顿足等。每一种坏习惯都有其形成的原因，如果你的马儿也有某些坏习惯，应赶快请教精于养马的人，及早改正或避免这些坏习惯，以免影响马儿的健康。

由此可见，认识马儿的生理结构与特点对理解其习性至关重要。它们可能会因为环境变化、健康状况、情绪波动等而表现出不同的性格特点。但只要我们用心去了解和关爱它们，就可以与它们建立起深厚的情感联系，并共同度过美好的时光。

**1. 肌肉骨骼系统**

马儿全身有205块骨头、700块肌肉。马儿骨骼坚实、四肢强壮、脊柱强健，其发育良好的韧带和肌肉，沿脊柱形成"链条"，在马背处呈现微微拱起的弧度，能很好地支撑马儿自身的重量，在运动过程中为它们提供足够的稳定性。马儿的肌肉大多分布在腿部和臀部，让它们拥有强大的奔跑能力。

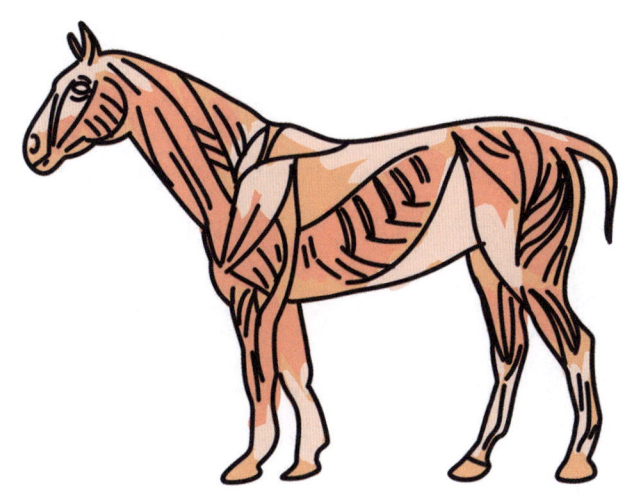

远古时期的野马生活在沙漠草原地区，是较温和的食草动物，它们既是人类的狩猎对象，又是豺、狼等肉食动物的美味佳肴。它们只有一种办

法来对抗捕食者，那就是快速奔跑。那些食肉动物大都是夜行的，马儿为了及时逃避捕食者的攻击，一直保持高度警惕，即使在夜间也不敢高枕无忧地卧地而睡，久而久之就养成站着睡觉的习性。

马儿平时站着休息时，往往会轮流将一只后脚休息，休息的脚微微弯曲，轻轻放在地上，承载较少的体重；两只前脚与另一只后脚承载大部分的体重，很像人的"三七步"。只有在非常安全舒适的情况下，马才会躺下来睡觉，一天之内可能只有短短几小时。

在不同的生理状态下，马儿休息的方式也不同。幼年的小马由于身体结构不完善，其站定系统尚未真正形成，对四肢关节的肌腱和韧带还不能起到机械固定作用，只能趴着睡觉。而老年马由于身体功能减退导致四肢站定系统受到破坏或不完善，也要趴着休息和睡觉。在马群休息的时候，会有一些马儿负责放哨，其他马儿会站着休息。休息的马儿感到非常安全的时候还会躺下睡觉，但是你不会看到一群马全部躺在地上休息。

### 2. 消化系统

不同于牛、羊、骆驼等其他食草动物，马儿不会进行反刍，它们是单胃食草动物。它们胃的容积较小，需要持续少量多餐地进食草料，一天的进食时间可达18h，所以圈养的马儿一天至少要吃四次草。如果你把它们放牧或者放在野外，它们可能闲下来就会吃两口草。对于一些体力消耗很大的马儿来说，平时还需要吃一些谷物来补充更多能量。马儿的消化道总长约30m，其中，小肠约占2/3，是消化吸收的主要场所。盲肠和结肠是马儿重要的消化道组成部分，草料的纤维在这里被微生物发酵，产生可供马儿吸收的营养物质。

有意思的是，马儿几乎不会呕吐或打嗝。与许多动物不同，马儿的食管很长，而食管底部有一个特别强壮的括约肌。这个括约肌位于较低的位置,形成了一个紧密的屏障,使得食物或气体几乎无法反流。此外,马儿的食管与胃的连接角度较小,这种结构也有助于保持括约肌更紧密地闭合。这样的特点使得马儿在进食时,食物能够顺利进入胃部,而不会在食管中滞留或反流。因此,即便马儿在进食过程中出现不适,它们也很难通过呕吐来排出异物。

那么,为什么马儿不会打嗝呢?打嗝通常是由于胃部气体过多,需要通过口腔排出。然而,马儿的胃容积相对较小,约为其消化道总容积的8.5%,相当于牛胃的1/8~1/7。这意味着马儿的胃部空间有限,很难积聚过多气体。此外,马儿的肠道特别长,而且容积大,是它们主要的消化和吸收场所。盲肠作为马儿的重要消化器官,更是被称为"发酵罐"。这里寄生着大量可以分解纤维的微生物菌群,可以帮助马儿更好地消化和吸收食物中的营养。这种高效的消化方式使得马儿很少需要像人类或其他动物那样通过打嗝来排出消化道的气体。

当然,尽管马儿不会呕吐或打嗝,它们的消化系统也并非无懈可击。如果马儿的饲养者给它们喂食过多或过快,或者食物不适合它们的消化系统,马儿也可能会患上胃绞痛等疾病。因此,马儿的饲养者需要定期检查马儿的饮食和健康状况,确保它们能够健康地成长。

### 3. 呼吸与循环系统

马儿的胸廓很深,肺容量大,肺泡表面积大而有弹性,能在奔跑时提供大量氧气。安静时,马儿的呼吸频率为每分钟8~16次,但当它们跑起来时,呼吸频率可达惊人的每分钟120次。

同时,作为马儿呼吸的通道,其鼻腔深而粗大,除了能保证呼吸时吸入更多空气,也增加了吸入灰尘、草屑等异物的可能。马儿会通过"打响

鼻"的动作来保持呼吸道的畅通和清洁。"打响鼻"是马儿的一种自然行为,除了排除异物,这一小动作还是马儿分辨气味、寻找食物、识别方向的好帮手。有时,马儿打响鼻也可能是因为受到惊吓,是马儿自我宣泄紧张情绪的一种方式,也是向外界传递警告信号的一种手段。

和呼吸系统一样,为适应高强度的奔跑,马儿的心血管系统能在运动时将氧气和养分快速输送至肌肉。健康成年马的脉搏在每分钟26~42次,马匹越年幼则每分钟脉搏次数越快,2~4周龄的幼驹脉搏每分钟可达80~100次,6月龄幼驹可达每分钟60~80次,1岁龄驹则为每分钟45~60次。马儿能快速地调整心率。以健康成年马为例,在高速奔跑时,其心率可从静息状态每分钟28~44次飙升至每分钟240次。

当在电影中看到西部牛仔骑着高大的马儿在沙漠公路飞奔的时候,你是否疑惑,马儿为什么能在高温环境中依旧保持活力?就让我们一起解开马儿的"耐热之谜"。在炎热的环境中,马儿的呼吸频率和心率会增加,皮肤表面的血管扩张,体温略微升高,帮助它们减少能量消耗,提高耐热能力,并通过快速呼吸与体表蒸发来促进散热。

此外,马儿的皮肤是一个高效的散热器。马儿的皮肤上分布着大量汗腺,特别是颈部、胸部和腋窝等部位,这些汗腺能够迅速将体表的热量通过汗液排出体外,降低体温。而且马匹的体型高大,体表面积相对较大,这也意味着它们具有更广的散热面积。一匹成年马在炎热天气下每天可排汗多达15L,这一数量是人类每日排汗量的数十倍之多。

那么,为什么马儿比其他动物更耐热呢?这与马儿的进化历史有关。马儿最初是生活在草原上的动物,那里的气候多变,既有寒冷的冬季,也有炎热的夏季。为了在这样的环境中生存下来,马儿逐渐进化出一系列适应高温环境的生理特征。这些特征使得马儿能够在高温下依然保持活力,成为人们理想的交通工具和劳动伙伴。

当然,虽然马儿具有一定的耐热能力,但并不意味着它们可以在任何高温环境下都毫无压力。过高的温度仍然会对马儿造成一定的伤害,如中暑、脱水等。因此,在炎热的天气下,我们需要为马儿提供充足的饮用水和阴凉的环境,以确保它们的健康和安全。

**4. 感觉系统**

味觉　目前对马儿的味觉知之甚少,许多马儿似乎喜欢味道浓郁甚至苦涩的植物,在灌木树篱和废弃牧场中寻找这样的植物吃,甚至会吃树皮和树枝。

触觉　马儿全身上下触觉都非常敏锐,即使身上有一只苍蝇,它们也能准确地觉察到,并甩动尾巴将其赶走。触觉是马儿之间以及人与马交流的重要方式。马儿互相梳毛的行为和触觉有关,能维护彼此间的关系。马儿吻部和眼睛周围的触毛对于感知附近的物体很重要,马术骑行时马儿依靠躯干和嘴来接受指令。骑师通过不同坐姿和腿部动作给马儿躯干施加压力,马儿能够分辨压力的细微变化,从而理解被要求做的是哪种动作。骑师也可以通过拉缰绳和衔铁,利用马嘴的触觉与马儿交流。

嗅觉　马儿的鼻腔结构复杂,鼻腔中上皮面积很大,覆有大量嗅觉感受器,使得马儿的嗅觉非常敏锐且发达。它们通过嗅觉来寻找食物和水源、辨别有毒的植物。不同的马儿散发不同的气味,这些气味可以用来分辨同伴、确定马群中的不同个体。马儿还会通过嗅觉感知周围环境安全与否,当闻到不熟悉的气味时,它们就会变得异常警觉。

马儿还拥有人类已经退化的器官——犁鼻器,它是动物间感知信息素的器官。信息素是发情期间最重要的信号,如何精准判断合适的交配时间,都要依靠马儿灵敏的嗅觉。

马儿可以产生嗅觉记忆,将气味和事物进行联系,因此,我们可以通过气味来训练马儿完成相应指令。如果训练得当,马儿甚至能参加搜救任务,帮助我们寻找失踪的人类和动物,或是检测毒品和易燃易爆物品。

**视觉** 马儿的眼睛位于头部两侧,呈椭圆形,大小约为网球的一半,是陆地哺乳动物拥有的最大的眼睛之一。这种特殊的结构使马儿拥有宽阔的视野,几乎能够看到周围350°范围内的景物。其中,双眼重叠的视野约为65°,主要集中在正前方,为马儿提供了良好的深度感知能力,方便它们判断与障碍物或捕食者的距离。

马儿的眼睛还有一个特点,就是其瞳孔呈水平方向分布。这一特点使马儿能够更有效地感知来自不同方向的光线,即使在光线不足的情况下也能看得清楚。此外,马儿的眼睛还具有独特的虹膜,颜色多为棕色或黑色;在其视网膜的后面,还有一层有金属光泽的照膜,能够反射光线,使马儿的眼睛在夜晚显得格外明亮。这也是人们常说的"马眼放光"的原因。

马儿的视觉能力与它们的行为习性密切相关。作为一种草食动物,马儿需要在白天和黑夜都保持警惕,以躲避捕食者的袭击。因此,马儿拥有良好的夜视能力,帮助它们在光线昏暗的环境下看清周围的物体。此外,马儿还能感知紫外线,这有助于它们分辨野外捕食者尿液吸收紫外线后发出的荧光,防止偶遇肉食动物。

然而,马儿的视觉也存在一些不足之处。例如,马儿的色觉能力相对较弱,只能区分蓝色和黄绿色等有限的颜色,无法像人类那样辨别红色。此外,马儿的双眼距离较远,导致它们存在一定的视觉盲区,主要位于头部前方和后方。马儿是一种很温和的动物,一般不会主动攻击人类或其他动物,但当感知到身后靠近的危险时,就会用它们唯一的武器——后脚,后踢攻击掠食者。

了解马儿的视觉特点,对于我们训练和管理马儿至关重要。

大家一定听过"拍马屁"这句俗语,它起源于蒙古族牧民在路上的问

候语,他们常常互相拍拍对方马儿的屁股,检查马儿的健康状况,并称赞对方的马儿。这种举动既是一种对马儿的关心,也是一种对马主人的尊重和赞美。时间久了,人们也不管马儿到底好不好,一味地当成客套话说了,逐渐演变为一种纯粹的奉承行为。不过在现实生活中,遇到马儿,请千万不要轻易去拍马屁。首先,马儿是一种非常敏感的动物,尤其是它们的屁股部位。其次,别看马儿长得高高大大的,实际上,作为草食动物的它们胆子小得很。再者,从马儿背后的视觉盲区靠近的人,很可能会被马儿踢到。所以当你接近马儿的时候,先发出点声音让它们知道你来了,从马儿的非盲区接近它们,也就是马儿的两侧而非正前方或正后方,避免让马儿感到不安;我们可以先用手慢慢靠近马儿的鼻子,让它们熟悉我们的味道,然后轻轻抚摸马儿的鼻梁和面颊,表现善意和安慰;如果喂食马儿,不要拿手指去喂,以免被马儿误咬,而应该放在掌心,把手指摊平去喂。

**听觉** 马儿的听觉比人类的灵敏得多,能够听到频率为 0.055~33.5kHz 的声音,而人类的听力范围仅为 0.02~20kHz。这意味着,马儿不仅能听到人类可听到的声音,还能听到更低频和更高频的声音,保证它们能对声音的微小变化作出反应。例如,马儿能听到几公里外的马蹄声和人类的脚步声,并能够根据声音的方向和强度作出判断。这种灵敏的听觉对于马儿在野

外生存至关重要,不仅能帮助它们及时躲避捕食者,还能帮助它们寻找食物和水源。

了解马儿的听觉特点,对于我们在训练和管理马儿时至关重要。马儿很容易被突然的声音(比如鞭炮声)吓到。在训练马儿时,应尽量避免突然发出响声,以免引起马儿的惊慌。此外,在嘈杂的环境中训练或骑乘马儿时,应注意给予马儿充足的时间适应环境,并尽量减少突发因素。

## 二、马的心理特征

### (一)马的认知与情感

马儿是人类忠实的朋友。人们为了能够更和谐地与马儿相处,迫切想要了解马儿的心理活动。它们是如何认识这个世界的?它们有情绪吗?对此,研究人员采取各种观察类科学实验来加深我们对马儿的认识。只有积极地与马儿互动,了解它们的习性和需求,才能建立相互信赖的关系。

**1. 超越本能的认知学习能力**

马儿虽然无法像人类那样进行抽象思维和复杂推理,也没有丰富的语言和文化,但是马儿拥有学习、记忆、解决问题等基本认知能力,甚至能够理解人类的简单指令。在日本京都大学的研究中,科学家们训练马儿识别不同符号,并相应做出不同动作。经过训练,马儿能够正确识别符号并完成指令,准确率高达80%。这表明马儿具备基本的符号学习能力。

在另一项研究中,美国亚利桑那大学的研究人员让马儿通过镜子观察自己的身体,并用蹄子触碰镜子中的相应部位。实验结果表明,马儿能够意识到镜中的影像与自己存在关联,这是一种自我意识的表现。

马儿的记忆力出奇地好,它们能够记住几十年前发生的事情,也能够

记住几百个同伴的面孔,甚至多年不见后仍能认出彼此。此外,马儿的感官也非常敏锐,能够感知到人类无法察觉的声音和气味。它们能通过声音、气味等多种方式辨别主人和同伴,这种社交识别能力在许多动物中都是罕见的。

马儿还具备一定解决问题的能力,它们可以通过观察和模仿来学习新的行为,比如如何打开食槽的盖子取食;当被围栏困住时,它们会尝试跳过或爬过围栏;当食物被放置在难以够到的地方时,它们会利用周围的物体作为工具来取食。这些学习能力使得马儿在人类的驯化过程中表现得尤为出色。

**2. 丰富多彩的情感**

除了认知能力外,马儿还拥有一系列丰富的情感。它们能够感受到快乐、悲伤、愤怒、恐惧等情绪,并通过肢体语言、表情和声音进行表达。例如,当马儿感到快乐时,它们会竖起耳朵,摇晃尾巴,发出愉快的嘶鸣声;当马儿感到悲伤时,它们会垂下耳朵,目光黯淡,显得无精打采;当马儿感到愤怒时,它们会竖起鬃毛,露出牙齿,发出威胁的咆哮声;当马儿感到恐惧时,它们会瞪大眼睛,张大鼻孔,发出惊恐的嘶鸣声……

马儿是群居动物,也是心思敏感的动物,环境变化、缺少同伴、疾病、疼痛等多种因素都可能让它们郁郁寡欢。马儿喜欢社交的性格让它们无法忍受孤独。人工饲养环境下,长时间的单独圈养让它们失去和其他同伴互动交流的机会,容易导致马儿出现抑郁症。造成抑郁的其他原因还包括缺乏运动、饮食结构不平衡、被虐待等。

抑郁的马儿在外观和行为上都有明显的表现。它们通常表现出食欲减退、活动量减少、不愿意互动、过度焦虑、反应过激等行为变化,有的还

会出现咬围栏、踢墙等刻板行为。这些行为变化进而造成马儿体重下降、毛发粗糙没有光泽,久而久之,马儿免疫力下降,变得更容易生病。得了抑郁症的马儿看上去无精打采,对什么都提不起兴趣。

抑郁症是马儿需要重点关注的心理疾病,我们一定要积极预防抑郁症的发生。给马儿提供充足的运动时间,让每匹马儿都有足够的活动空间,偶尔也让马儿之间进行一些互动玩耍。除了马儿间的互动,饲养员和驯马师也要多多关注马儿,保持一定量的训练,让它们感受到自己是被人类关爱着的。别忘了还要给马儿提供均衡的饮食,保证精料和粗料的合理配比。

马儿的情感表达不仅限于自身,它们还能理解和感受人类的情绪。马儿能够识别人类的面部表情,并对人类的情绪作出相应的反应,比如通过调整呼吸和肌肉紧张度来安抚紧张的主人。

在与马儿相处时,我们应该尊重它们的思想和情感,避免采取强迫或虐待的行为。了解马儿的心理活动,不仅能帮助我们更好地理解和饲养它们,更能让我们与之建立更加密切的情感联系。

**(二)马的肢体语言和行为**

在野外,马儿常通过声音、气味、抿耳、刨地、啃拭等行为进行交流,它们身体各部位都可以表达情绪。我们要读懂马儿的心思,就要学会理解它们的肢体语言和行为。

**1. 耳朵**

马儿的耳朵向前竖立,表示马儿对某事物很感兴趣,正在专注地听声音;马儿的耳朵向后平贴,意味着马儿有些生气、不安,感觉受到威胁;如果两耳前竖,频频转动,那就要小心了,此时的马儿正在警戒中;如果两耳动作频频,表现出向四周探听,则多为疑惑不安。

**2. 眼睛**

在放松状态下,马儿的眼睛大多呈现半闭的样子;和人类一样,在惊讶和害怕时,马儿也会张大眼睛;如果马儿感到极度不安,甚至会翻白眼;如果发现马儿目光敌视,头又高举,可能是准备要咬人。

**3. 嘴和鼻子**

马儿放松时,看上去也是懒洋洋的,可能会没事舔舔嘴唇、打个哈欠;如果看到马儿不自觉地啃咬东西或空气,或者听到鼻子的喷气声,那可能是它们在生气。

**4. 尾巴**

轻松愉快的马儿,它们的尾巴通常在身后轻微摆动;感到烦躁时,尾巴甩动的频率就会逐渐增加;而感到害怕时,马儿也会像小狗一样夹着尾巴逃跑,是不是很可爱呢?

### 5. 四肢

马儿另一个和小狗很像的行为就是刨地,当它们感到无聊时,也会用前腿刨地玩,是十足的"拆窝能手"。如果说马儿的前腿是用来玩耍的,那后腿就是防御和攻击了,马儿受到威胁和惊吓时,常常会向后踢腿,或前脚离地后腿站立。

## 第三节　马文化欣赏

在马术运动悠久的发展历史中,中国和欧洲都出现了与马有关的文化。艺术家常用马来表现高洁、坚韧的人类品质。马已经在人类文明中成为一种正向的表现,成为人类公认的自由、勇气与坚韧的文化符号。经过西欧民族远古尚武精神的沉淀,代表骑士精神的马文化也在欧洲演变而影响深远。可以说,马的艺术表现促进了人类文明的发展,使人类社会拥有了更丰富的意象与境界。

## 一、中国马文化

回首中国几千年文明发展史，不难发现马与社会生产力的发展、军事力量的博弈以及历史兴衰的进程，都有着千丝万缕的联系。

### （一）六畜之首的地位

"马牛羊，鸡犬豕。"这是中国古代文化当中的六畜。"六畜"是中国古人总结的与人类生产生活最相关的六种动物，是人类不可分割的好伙伴。而马位列六畜之首，代表马在六畜中最为尊贵。

中国人认为，马这种动物高贵而又自矜，华丽却谦虚内敛，是君子气韵的体现。在崇尚武德的古代，能够开疆拓土、保家卫国的战士一般享有最崇高的地位。马在古代是非常重要的战争资源，"马政"的实施往往决定国家的强弱，马匹的质量优劣，马队的数量多寡，是考虑民众安危、国家兴盛与衰败的决定性因素之一。马术最早是服务于战争的，而马也是因此而富有功勋，在宫廷和贵族间享有卓越的地位。

因此，相比提供劳动力的牛以及提供肉食的猪、鸡，马显然会有更高的地位。

### （二）优良品德的象征

马在中国文化中代表了勇敢、敏捷与谨慎。

古代中国，尤其是中国北方的蒙古部族，马其实融入了生活的方方面面。在一些需要速度、激情的工作时，马展现出勇敢和敏捷的特征，因此在明朝就有"三千营"精锐骑兵的强大军事力量优势，也流传着"马上封侯"这样的佳话。

然而，马其实是一种非常敏感且谨慎的动物，这是因为马作为上千万年的被捕食者而养成这样的特性。由此，在中国人的视角中，马既有强大的战斗力和爆发力，又生性谨慎，这是一种良好的品德，恰恰体现了中国人内敛的性格与不骄不躁的处事原则。

## 二、中国历史故事中的名马

在中国丰富的史料记载中,那些名门将士身边不乏马儿的身影。吕布的坐骑"赤兔"、刘备的坐骑"的卢"、项羽的坐骑"乌骓"、曹操的坐骑"绝影"、赵云的坐骑"照夜玉狮子"、李世民的坐骑"飒露紫"之类,功高越人,浴血于吟啸之间,德配忠义,自绝殉有恩之主。夫骁骑之所出,必见诸通史,名芳千古。

### (一)赤兔

赤兔是中国古代史上最有名的马之一,是三国时期吕布的坐骑,史传"非超凡之人不可驭"。赤兔,指的是大红之马,可谓名副其实的"红鬃烈马"——中国人对于马的最高评价之一。

赤兔马的名字相传有两个来历,两种说法均有道理。一说赤兔即"赤菟",菟是老虎的意思,称这匹马为红色的老虎,可见其威猛无比;另一说法指出赤示其毛色,兔指的是其敏捷如兔。

关于吕布获得赤兔,也有一个浪漫且有趣的故事。相传吕布梦遇一老者,告诉他在娘娘池旁可获宝马,吕布便在此池旁边蹲守,第二日果真有一匹红鬃烈马,而后吕布用了许多方法调驯此马,终有大成。吕布死后,赤兔被曹操赏赐给关羽,关羽被杀后,赤兔因思念主人,绝食而死。

### (二)的卢

的卢是中国古代三国时期蜀汉刘备的战马。据传,此马在刘备失徐州后,由曹操赠予刘备。的卢相传是中国古代奔跑速度最快的一匹马。辛弃疾更著有《破阵子·为陈同甫赋壮词以寄之》以歌颂它在战场迅猛的表现:"马作的卢飞快,弓如霹雳弦惊。"

的卢乃天造之马,刘备得此马时,将其赠与主公刘表,但刘表的其他手下却怕刘备与刘表走得太近,便说马匹的眼角底下有泪槽,额头边有白色毛发,会妨碍主人的运势,因此,刘表最终没有收下此马。或许这也是的卢的幸运,让它有幸跟着一代雄主。

的卢后来最有名的事,莫过于刘备在一次逃跑中走错了路的故事。刘备骑着的卢来到一条大河旁,前有大河后有追兵,他突然想起当年"的卢妨主"的谣言,于是便一边疯狂抽打的卢一边大喊:"的卢,的卢,今日妨吾!"不承想,的卢此时一跃三丈,跳过大河来到对岸,拯救了刘备的生命。从此以后"的卢妨主"的谣言不攻自破,刘备更加珍爱的卢。

### (三)踏雪乌骓

乌骓是楚霸王项羽的坐骑。"乌骓"这个名字来自明朝甄伟所著《西汉演义》。据说这匹马浑身乌黑,只有蹄子像雪一样白,因此又被称为"踏雪乌骓"。

项羽被围于垓下四面楚歌时,悲壮地吟唱了一首《垓下歌》:"力拔山兮气盖世。时不利兮骓不逝。骓不逝兮可奈何!虞兮虞兮奈若何!"第一句和最后一句分别是唱项羽本人和他的美人虞姬;而中间两句中的"骓",正是指乌骓。据说,项羽突围南遁,败至乌江,自觉无颜见江东父老,最后自刎于乌江边,忠于主人的乌骓也不愿渡江,长嘶数声后,随主跳江而亡。

### (四)黄骠

黄骠,全名叫"黄骠透骨龙",据说是隋末唐初的将领秦琼的马。它是一匹大黄马,蹄至耳高八尺,龙性十足;黄骠马即使吃饱了,也还清晰显露其两肋,可谓透可见骨,故得名"黄骠透骨龙"。

秦琼到潞州办事时不幸染病,在店里静养耗尽盘缠,无奈只好出卖自己的黄骠马。出于面子,他没有通报姓名,只是谎称自己和秦琼是朋友。单雄信听说有人卖马,便去相马,他早想结识秦琼,听说卖马的是秦琼的朋友,更是花了大价钱买下黄骠马。后来,单雄信才知道卖马的是秦琼本人,急得到处寻找他,两人终得相识。单雄信更是盛情款待落魄的秦琼,待其病愈后,归还其黄骠马,并配上金镫银鞍,二人从此结成莫逆之交。

## 三、汉语特殊表达中的马

### (一)与马相关的造字

在《新华字典》与《汉语大词典》中,与"马"相关的造字与组词不胜枚举,其特点是范围广、寓意深、文化性强、时代感突出。其中不乏直接或间接与马有关的字,比如:关于马的名词"驹""骥"等,关于马的动词"骑""驭"等,关于马的形容词"骠""骁"等。

### (二)与马相关的成语

与马相关的成语以赞美、褒奖马的精神为主,有脍炙人口、形象生动的特点,如一马当先、天马行空、万马奔腾、马到成功、车水马龙、千军万马等。

### (三)与马有关的俗语谚语

与马有关的俗语谚语大多朗朗上口,例如:好马不吃回头草;一言既出,驷马难追;路遥知马力,日久见人心;快马一鞭,快人一言;多下及时雨,少放马后炮;舍得一身剐,敢把皇帝拉下马;风马牛不相及;马上不知马下苦,饱汉不知饿汉饥等。

### (四)与马有关的歇后语

与马有关的歇后语则寓意深刻,诸如:陈世美做驸马——喜新厌旧;矮子骑大马——上下两难;马后炮——弄得迟了;拍马屁拍到马蹄上——倒挨一脚;马儿伸腿——出题(蹄);玉皇大帝招驸马——天大的怪事;套马杆子逮兔子——瞎胡闹;马拉独轮车——说翻就翻;牛栏里伸进张马嘴——没你开口的份;马笼头给牛戴——生搬硬套等。

## 四、中西方艺术作品中的马

自古以来,马与艺术是密不可分的,中西方艺术家都将马的形象作为一种艺术形式留在了历史中。马在人类绘画、音乐、文学的艺术中都创下了璀璨的成果，我们不妨通过古今中外与马有关的艺术品，一睹人类在马艺术上的造诣。

**（一）《马踏飞燕》**

《马踏飞燕》是出土于甘肃省的一尊青铜奔马像，考古研究显示《马踏飞燕》创作于东汉时期。《马踏飞燕》有着通体彩绘，并且运用当时非常先进的"合范铸造"工艺。其鸟型的底座，是东汉时期相当大胆的艺术创作，当时青铜器的底座一般少做装饰，因此，《马踏飞燕》也体现了东汉时期先进的青铜器冶炼水平和艺术审美。

《马踏飞燕》将骏马与飞鸟组合，衬托了马匹的运动感，突出了马的速度与力量。整尊青铜像描绘了一匹骏马起跑时的雄壮精神，马匹昂首挺胸，向前大步流星地奔驰，展现了强大的力量感。其作为东汉墓葬出土的铜马仪仗队中的铜奔马之一，可见早在东汉时期马就有着卓越的地位，在汉朝社会流行车马冥器随葬，马在人们心中象征神性、力量与财富。

**（二）《八骏图》与《奔马图》**

《八骏图》是中国人耳熟能详的一幅画作，相传是现代绘画大师徐悲鸿所作，但是据考证，这其实是谬误，事实上徐悲鸿大师从未作过《八骏图》,现在最流行的《八骏图》画作究竟是谁所作已不可考。

事实上,《八骏图》自古以来就有,而非近代独创。相传在南北朝时就有《八骏图》的记载,画作记载的是传说中周穆王游昆仑山时为其驾车的八匹骏马。但无论《八骏图》历史如何,为何人所作,《八骏图》无疑已成为中国人的文化象征之一,"八"与"骏"本身是中国人喜欢的意象,八匹骏马同时奔腾,展现出雄壮与力量,是中国人普适审美的象征。

徐悲鸿的《奔马图》则可能是《八骏图》谬种流传的源头。

1941年秋季第二次长沙会战期间,中国一度失利,长沙为日寇所占,正在马来西亚槟榔屿为支援抗战举办艺展募捐的徐悲鸿听闻国难心急如焚,连夜创作出堪称"中国最贵的马"——《奔马图》,并将艺术展览的全部收入寄回国内,作为抗战烈士遗孤的抚养费用。

《奔马图》中的马腿直线细劲有力,犹如钢刀,力透纸背,而腹部、臀部及鬃尾的弧线又显出弹性,富有动感。画面前大后小,透视感较强,前伸的双腿和马头似乎要冲破画面,能让人感受到马呼出的热气、滚烫的体温以及淋漓的汗水。它强健的生命力正是抵抗侵略的中国人民民族精神的象征。徐悲鸿以马喻人、托物言志,抒发了自己对祖国的忧思之情和对抗日战争必胜的信心与决心。

### (三)天马珀伽索斯

西方也有不少与马有关的艺术形象,其中最伟大的"马"形象当数希腊神话中的天马——珀伽索斯。在欧洲,古今关于珀伽索斯的雕塑、绘画不计其数,其更是世界范围内流传最广的"马"的神话形象,被誉为"马神"。

在希腊神话中,珀伽索斯具有双翼,通体雪白,由海神波塞冬与美杜莎所生,守护着文艺女神缪斯。神话记载,飞马珀伽索斯被希腊的战士柏勒洛丰所驯服,一起战胜了怪物奇美拉。然而,凡人柏勒洛丰因为自身成就而傲慢到想骑乘珀伽索斯到奥林匹斯圣山参加神祇聚会,触怒了众神,使他摔下马四处流浪;而珀伽索斯则一直在浩瀚的星空中遨游,最终天神宙斯将其变成飞马座,让他永远在天空中璀璨明亮。

珀伽索斯以其雪白纯洁的外貌和爱好自由的性格,象征了马在欧洲文化中高洁、优雅的形象,与西方贵族形象相呼应。

## (四)马与中西方文学创作

马在文学作品中的形象和象征意义非常丰富,跨越了不同的文化和时代,从古代到现代,从东方到西方,马一直是文学创作中的重要元素。

早在先秦时期的《诗经》中,马就是正面形象的象征,有时用来赞美生命,有时用来歌颂家国情怀。三国曹植的《白马篇》,以白马陪衬,着意写"视死忽如归"的"幽并游侠儿",气韵生动,描绘了一个武艺精湛的爱国壮士形象。《马说》是唐朝文学家韩愈创作的一篇论说文,"千里马常有,而伯乐不常有",以托物寓意的手法在文中感慨自身大材小用、屈居人下、怀才不遇的处境。

在中国现代文学中,吴伯箫的散文《马》表达了作者对马的喜爱,突显出马的灵性。此外,张承志的中篇小说《黑骏马》和苏童的短篇小说《祭奠红马》也都是以马为主题的文学作品,展现了马在不同作家笔下的不同形象和象征意义。

在西方文学中,马的形象同样丰富多样。安娜·休厄尔的《黑美人(黑骏马)》是描写动物最成功的小说之一,从马的视角,揭露那个时代底层人民生活的苦难,成为流行百年的经典佳作。D. H.劳伦斯将马作为男性意识的象征,在《无意识幻想曲》一文中解释了奔马的寓意,展示了作者对男性意志、暴虐和专制的思考。

综上所述,马在文学作品中的形象和象征意义非常丰富,不仅体现了不同文化和时代的审美与价值观,也展现了作家对生命、爱情、英雄主义等主题的深刻思考和艺术表达。

第二章

# 马匹饲养员须知

# 第一节　马儿爱吃草

## 一、马儿的饮食

马儿是很"挑食"的,不是随便什么都吃。那么,它们的每日菜单到底有哪些呢?别着急,让我给你一一道来。

### (一)不同饲料喂食方法

**1. 粗饲料**

先得说说马儿最爱的"主食"——草。马儿是草食动物,看到绿油油的草就两眼放光。新鲜的牧草就像是它们的"米饭",每一口都充满自然的味道。不过,草可不是随时随地都有的,所以干草就成了它们的"方便面",方便快捷,又不失营养。苜蓿是"牧草之王",草质优良,富含蛋白质且糖含量低,是上好的高纤维、低热量饲料,很适合作马儿的饲草。它既能让马儿有饱腹感,又不会增加体重成为运动负担,还可以增强爆发力。

虽然马儿是草食动物,但也不是所有植物都适合它们吃。有些植物可能会让它们腹泻,甚至中毒。如马铃薯茎叶含龙葵碱对马儿消化道有刺激,甚至引发胃绞痛;卷心菜、小圆白菜等蔬菜中的棉子糖会产生过多气体,让马儿胀气不适;洋葱、大蒜可能会导致马儿心率加速,甚至贫血;高粱茎叶(尤其是在幼苗期)含氰化物有剧毒……而马儿误食存放在潮湿阴暗地方滋生真菌、细菌的草料或被农药、化肥"宠幸"过的草会使得它们肠道紊乱,甚至中毒。所以,在喂食的时候一定要小心谨慎,不要随便给马儿投喂来源不明的食物。

2. 精饲料

除了饲草作为马儿一日三餐的必需品,还需要一些"硬货"来补充能量。燕麦、大麦、玉米、大豆、葵花籽等这些马儿的"小零食"就闪亮登场了,它们既能满足口腹之欲,又能提供必要的能量。燕麦中含有约9%的可消化蛋白质和11%的膳食纤维,在提供足够能量的同时,对促进马儿良好的消化有着举足轻重的作用。玉米中的淀粉含量达70%以上,碾碎后加入马儿的日粮中,不仅提升了口感,还增加了能量。大豆营养全面,蛋白质和不饱和脂肪酸

含量丰富,碾碎后还有独特香味,甚得马心。葵花籽富含不饱和脂肪酸、多种维生素和微量元素,可以帮助调节马儿的新陈代谢。同样地,需要注意有些精饲料不适合给马儿食用,如马铃薯块茎含茄碱对马儿消化道有刺激,可引发胃绞痛,其中的阿托品可对其神经系统产生损害;可可豆中的可可碱和咖啡因对马儿神经系统有毒性。

3. 水

还有一样必不可少的东西,那就是水。水对马儿来说,像空气一样重要。没有水,马儿可就跑不起来了。所以,一定要确保它们随时都能畅饮到清甜的水。马儿不会像人类那样小口地喝水,而是大口地吞咽。这种喝水方式不仅可以让马儿快速补充水分,还能帮助它们调节体温。在炎

热的夏天,一汪清凉的冷泉无疑会给马儿带来一丝凉爽。但是,在寒冷的环境里,马儿更倾向于喝温水。这可能是因为温水更能帮助它们保持体温,减少能量的消耗。

**4. 多汁饲料**

除了饮水补充水分,马儿还需要进食多汁饲料。这类饲料常含有丰富的糖类,适口性好,容易消化。

大家都知道,胡萝卜是马儿的最爱。香甜的苹果当然也是偏爱甜食的马儿水果零食的不二之选,"一天一个苹果,医生远离我"。此外,马儿爱吃的还有香蕉。香蕉?你敢信吗?估计大家也是第一次知道马儿还爱吃香蕉。香蕉含有大量能量,而且富含钾元素,能够及时补充马儿运动时流失的微量元素。不过也有不可喂食的多汁饲料需要注意,如西红柿中含的茄碱对消化道有刺激,甚至会引发胃绞痛。

马儿的食物虽然简单,但也讲究。养马跟养孩子一样,都需要耐心、细心地照料,合理搭配饮食。这样,马儿才能健康快乐地成长,成为我们人类最忠实健康的伙伴。

## （二）"马无夜草不肥"

你听说过"马无夜草不肥"这句话吗？这可不是随便说说的，背后其实有着科学的道理。

马儿这种大型动物，可是个"吃货"加"运动健将"。据统计，它们每天需要采食大量的草，采食量至少占其体重的1.5%，这意味着一匹500kg的马一天至少要采食7.5kg草，马儿应该如何采食这么多的草呢？野生或草原散养的马一天中至少有16h在吃草，但役用、马场里的马儿由于工作、训练、马场条件等原因，很难保证有这么长的采食时间。这种情况下，马儿的消化功能会变差，它们的健康和膘情将受到影响。

夜草，顾名思义就是在夜间给马儿的饲草，相当于给它们加餐，有利于补充白天消耗的能量。就像我们人类晚上饿了吃点夜宵一样，给马儿吃夜草，能让其更好地恢复体力，保持健康体态。

此外，马儿的消化系统是个"高效工厂"，它们需要不断地进食来保持工厂的运转。晚上给马儿加点草料，就像给这座工厂加点原料，能让它继续保持高效工作，帮助马儿更好地消化吸收营养。

当然，我们也不能盲目地给马儿喂食夜草。要确保饲草新鲜、无霉变，避免喂食过期或变质的草料；要根据马儿的年龄、健康状况和工作需求，合理搭配粗饲料和精饲料，以满足其营养需求；喂食时要定时定量，避免过饱或过饥，保持马儿的消化健康。"马无夜草不肥"，我们要合理、适量地给马儿喂食夜草，才能让它们茁壮成长。

## 二、不同年龄段马儿的饲养管理

在自然环境下,马儿的平均寿命在25~30岁,在良好的饲养条件下,一些马儿能够活到40岁以上。

我们可以通过对马儿牙齿生长及磨损的变化规律来判断马儿的年龄。马儿的一生有两套牙齿,分别是乳切齿和永久齿。刚出生的小马,被称为"幼驹""马驹"或"乳马",通常还没有牙齿。马驹出生后1~2周开始,生出乳门齿,出生后3~6周生出乳中齿,6~8个月生出乳隅齿。随着马驹长大,其乳切齿上下相接后即开始磨损,按黑窝磨损情况,可判定1~2岁驹的年龄。它们通常在2.5岁开始换永久门齿,3.5岁换永久中齿,4.5岁换永久隅齿。每对永久齿从生出到上下互相接触,约需半年时间。随着马儿年龄的增加,磨损的情况也不一样,按照黑窝磨损和齿坎痕的变化情况,可以初步判断马的年龄。

相应地,根据马儿的活动状态也能判断其年龄生长情况。1岁时被称为"马驹子"或"周岁马",这时的它们已经能够跟随母马在草原上奔跑。到了2岁,它们便进入青春期,被称为"青年马",这时的马儿已经具备基本的奔跑和跳跃能力。当马儿长到3岁时,它们便迎来成年礼,马儿会被正式命名为"成年马",标志着它们已经成长为一匹真正的骏马,这是许多赛马开始参加比赛的年龄。3~5岁是马儿最强壮的时期,也被称为"骏马""良驹"或"宝驹"。随着年龄的增长,超过15岁的马儿体力开始下降,通常被称为"老马"或"瘦马"。

可见,每个年龄段都有不同的生理特征,需要马主针对性地照顾与呵护。

## （一）幼驹的饲养管理

如果我们刚入手一匹可爱的幼驹，一定会头疼不知怎么照顾它。别担心，这有一些小妙招，一定能让小宝贝健康快乐地成长。

首先，我们得给幼驹搭个舒适的家。这个家可得保持干燥通风，不然小家伙可能会得皮肤病或感冒。还有，记得定期打扫卫生，让小家伙住在干净的环境里，它才会开心。

其次，幼驹可是个吃货，我们要根据它的年龄、体重来合理搭配饲料。优质的牧草和精饲料可不能少，要确保它吃到足够的蛋白质、矿物质和维生素。投喂时，要遵循它的采食习惯和消化特点，别让它吃撑或饿着了。

再次，健康可是重中之重！定期带小家伙去体检，量量体温，称称体重，仔细观察口腔和皮肤；还要做好疫苗接种和驱虫工作，预防传染病和寄生虫的侵扰；日常保健也不能少，帮它清理眼睛、耳朵和鼻腔，保持卫生干净。

最后，别忘了和小家伙培养感情。通过简单的口令和手势，教它完成基本动作，培养服从性和协调性。同时，我们要多和它互动沟通，了解它的需求和情绪变化，给予足够的关爱和安抚。这样，人马之间的感情才会更加深厚。

还有一个小贴士要留意,幼驹有时候也会耍小脾气,这时候我们可得有耐心,别跟它一般见识。毕竟,它还是个"孩子"。可以尝试用温柔的声音跟它说话,或者给它一点小零食作为奖励,相信它会很快忘记刚才的不愉快,与我们和好如初。

如果我们发现幼驹有什么异常表现,比如食欲减退、精神萎靡等,千万不要掉以轻心,这可能是它生病的信号。赶紧联系兽医来给它看看吧,确保它的健康和安全。

养幼驹可不是一件轻松的事情。但只要我们用心去做,真心去爱护、关心和陪伴它,相信一定会收获无与伦比的快乐和成就感。加油吧,未来的马主人!

### (二)成年马的饲养管理

随着幼驹日渐成长,我们都希望它能长成一匹骏马,驰骋在广袤的原野上。不过,想要成为真正的马主人,光有热情可不够,还得学会如何好好照顾我们的"宝马"。接下来,就让我这个"马语者"来支支招,学习一下成年马应该如何饲养管理吧。

成年马比幼驹需要更多的蛋白质、糖类等营养。我们要像大厨一样,精心为它搭配饲料,粗的和精的都要有,还要添加一些多汁的水果,这样才能让它吃得健康,跑得欢快。

马儿虽然成年了,但仍然需要我们定时饲喂,定期检查马儿的身体状况,毕竟谁也不想自己的"宝马"生病,这就像我们定期体检一样,预防胜于治疗。

再来说说运动。马儿天生就是奔跑的动物,为了让它早日驰骋草原,我们可不能把它当成"宅男"或"宅女"来养。我们可以根据马儿的性格,按需制订一个运动计划,保证它充足的活动量。这样不仅有助于它的健康,还能增进我们和马儿之间的感情。

如果我们的成年马仍然单身,那么是时候考虑它的繁殖问题了。我们要全面了解马儿的繁殖周期,给它找个合适的"对象"。在自然界中,生命的延续是一个神奇而复杂的过程。马,作为人类历史上的重要伙伴,其繁殖过程同样充满奥秘。

马儿的繁殖方式是胎生。当母马步入青春年华,在15~24个月大时,就可以进入发情期,但通常在3岁以前不进行与公马的配种繁殖。在发情期,它的身体会释放信号,吸引公马的注意。发情期通常从早春开始,可持续到秋天,在这段时间里,大约每隔21d,母马就会发情,可持续5~7d。公马会通过嗅觉和视觉来识别母马的发情信号,一旦确认,公马会展现出它们的力量和速度,而母马则会以优雅和灵活的身姿回应,一场生命之舞拉开了帷幕。

接下来,就是漫长而神奇的孕育过程了,马的妊娠期平均为11个月。在这段时间里,母马的身体会经历一系列变化,以适应胎儿的生长发育。

随着妊娠期的推进,母马的腹部会逐渐隆起,乳房也会增大,临近分娩前几天可能会表现出焦虑,频繁排便,休息时呈蹲坐状。很快小马驹就会出生了。

母马分娩多数在夜间,其间我们要保持安静,减少各种不良应激反应。如果在其分娩后0.5h出现胎衣不下,我们要立即请兽医人员进行处理。我们可给生产后的母马补充温热、含少量盐的小米粥,帮助其恢复体力,促进泌乳。同时,分娩期间受污染的垫草,要记得及时清除、更换,保持马厩的干净和舒适。生产后3~5d,母马应在厩内保暖休养。天气温和时,母马可带着小马驹一起适量散步运动,对产后恢复更有益。

养成年马同样不是一件轻松的事,但相信我们一定能和马儿建立起深厚的感情。怎么样?是不是已经跃跃欲试,准备开启马主人生涯了吗?加油吧,未来的"马语者"!

### (三)老年马的饲养管理

岁月不饶人,对马儿来说也是如此。当我们的马朋友步入暮年,它需要的关怀更是与日俱增。让我们一起努力帮助我们的老伙计在夕阳红中依然蹄疾步稳,享受幸福的晚年生活。

老年马,就像是退休的爷爷奶奶,不再适合进行高强度的工作和训练。老年马的关节早已经不起硬地的折腾,我们要将马厩地面铺上柔软的垫料,并保持干燥、通风,营造一个舒适的居住环境。

饮食方面,老年马的牙口可能不太好,所以我们要选择易于咀嚼和消化的饲料。就像给老人家准备软糯的食物一样,可以给老年马提供一些切碎的干草或者湿润的饲料。另外,钙质和磷质的补充也非常重要，可以预防骨质疏松等老年常见问题。当然，别忘了定期添加一些额外的维生素和矿物质，让老年马的内脏器官也能保持良好的工作状态。

运动方面，虽然老年马不再适合剧烈运动，但适当的活动还是必不可少的。我们可以选择每天定时牵它出去散步，或者在安全的环境下让它自由活动一下。这样不仅可以保持肌肉的活力和关节的灵活性，还能让老马保持心情愉悦。

说到心情，老年马的情感需求也不容忽视。它可能更加敏感，需要更多的陪伴和关爱。我们可以时常和它说说话，摸摸它的头，或是给它梳理毛发，都会让它感到被重视和关爱。

除此之外，定期的健康检查也是必不可少的。就像老年人需要定期体检一样，老年马也需要定期请兽医来进行健康评估。这样不仅可以及时发现容易出现的健康问题，还能根据兽医的建议调整饲养管理方案。

还有一件重要的事情，那就是蹄部的护理。老年马因活动减少，钉蹄的周期往往被延长，因此蹄部更容易出现问题，比如角质过度增生、蹄裂等。所以，我们定期仍需要请专业的马蹄师来修剪蹄部，保持蹄部的健康，防止马儿意外跌倒或疼痛不适。

最后，我们还要留意老年马的行为变化。如果发现它们出现食欲减退、行动迟缓或其他异常反应，一定要及时联系兽医进行检查。毕竟，早发现、早治疗，是我们对老年马最好的关怀。

总而言之，饲养管理老年马就像照顾老年人一样，需要更多的细心、耐心和爱心。希望每一匹老年马都能在马生的"黄昏时分"，依然优雅地漫步在夕阳下，享受那份宁静与美好。

# 第二节　马儿的快乐生活

## 一、马儿如何跑得欢

### （一）马蹄铁的妙用

亲爱的朋友是否曾经好奇,为什么我们要给马儿钉蹄铁呢?马儿会不会因为这个过程而感到疼痛?如何给马钉蹄铁?让我们一起来了解马蹄铁的奥秘。

**1. 钉马蹄铁是为了保护马**

马蹄是马的生命之本,就像轮胎之于汽车一样重要。马蹄由骨骼、结缔组织、角质层组成。人工饲养的马主要用来负重和奔跑,而马的支撑点主要集中在马蹄,如果不对马蹄做特殊保护,马蹄上的角质层很快就会磨损、开裂,并导致结缔组织感染,甚至会毁掉一匹好马。为了保护马蹄,人们聪明地设计了马蹄铁。马蹄铁通过包裹马蹄的外围,减少原生角质层的磨损,提高马儿的抓地力和安全性。

在野外生存的马儿日常负重量比人工饲养的马儿小,对马蹄的损害小;加之野马的运动量大,过度生长的角质层会被自然磨损,其马蹄磨损

速度和生长修复速度保持平衡。这也意味着人工饲养马的蹄部更需要专门的护理。

### 2. 马蹄铁的设计

马蹄铁并不是一整块将马蹄包裹覆盖的铁片,而是一块"U"形铁,只包裹着马蹄的外围,内部呈凹陷状。这样的设计能够有效提高马蹄的抓地力,同时保护马蹄免受地面尖锐物的损害。

### 3. 如何给马钉蹄铁

钉马蹄铁好比给马儿穿上合适的"鞋子",这不仅是个体力活,更是一个技术活,钉马蹄铁需要专业的钉蹄师使用专门的工具完成。钉蹄师在给马儿钉蹄铁前会先拆卸旧蹄铁,再用铲刀、锉刀等工具把马掌修理平整。蹄铁由钉蹄师亲手锻造,根据马儿的不同"脚型",将新的蹄铁放入热钉炉加热至发红,捶打塑型,使新的蹄铁大小"合脚",弯度恰好。蹄铁两侧有 2~4 个小孔,换新蹄铁时还要注意跟旧蹄铁钉上的孔眼错开,避免松动。钉新蹄铁时还要掌握好方向和力度,太向内会碰到有痛感的地方,太靠外则不结实,甚至损坏马蹄。最后要把钉子修剪好,马蹄磨整齐,再给马蹄刷一次油。换好新"鞋"的马儿不能立即剧烈运动,可以让它稍微活动,习惯一下它的"新鞋"。

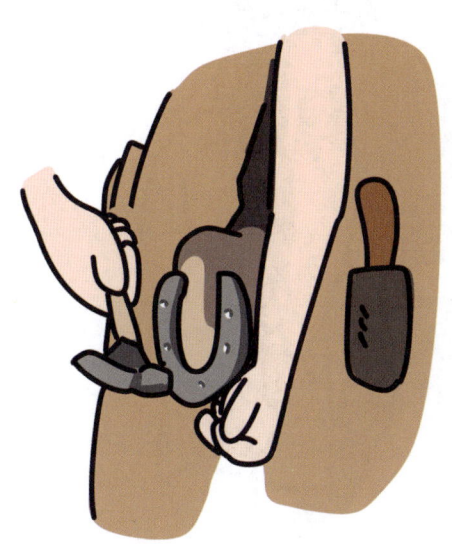

### 4. 用铁钉固定马蹄铁时,马不疼吗

一般来说,铁钉钉进马蹄时,马是不会感到疼痛的。这是

因为马蹄上有一层角质层,就像人类的指甲,在角质层里没有疼痛神经分布。当然,这并不意味着我们可以随意对待这个过程。钉蹄铁需要专业的技术和经验,以确保蹄铁的位置和深度都是正确的,不会对马儿造成任何不适。

钉好的马蹄也并非一劳永逸,当马蹄铁磨损严重时,需要定期更换,否则会对马蹄造成更大的损伤。大部分教学马或一般运动量的马匹,每6周左右更换新蹄铁就可以啦!

**(二)圈养和牵遛的平衡**

养马可不是件容易的事儿。有人说,圈养好,安全又省心;有人说,牵遛妙,自在又健康。那到底怎样才能让我们的马儿既安全又健康呢?

先说说圈养。把马儿圈起来,确实能给它们提供一个相对安稳的小窝。不用担心风吹雨打,也不用担心野兽袭击,简直就是马儿的"温室"。不过,可别以为这样就万事大吉了。马儿天生就是运动的动物,把它们关

在小圈子里,可是会"闹脾气"的!长时间不运动,马儿的身体功能就会下降,说不定还会变成"懒马"。

再来说说牵遛。这可是马儿的最爱,可以在蓝天白云下自由自在地奔跑。牵遛不仅能让马儿活动筋骨,还能增强它们的肌肉力量和心肺功能。更重要的是,马儿在牵遛过程中能释放压力,保持心情愉悦,这对它们的心理健康也是大有裨益的。但牵遛也不是随便逛逛那么简单,我们得选好时间、地点和路线,确保马儿的安全。毕竟户外环境复杂多变,万一马儿吃了什么不该吃的东西,或者遇到什么危险,那可就麻烦了。

我们该如何平衡圈养和牵遛呢?其实这也不难。我们可以根据马儿的年龄、健康状况和天气情况来制定合理的管理方案。年轻的马儿可以多出去走走,老年马则需要更多的休息;天气晴朗时适合牵遛,天气恶劣时则最好圈养。圈养环境也得下功夫改善一下。我们可以增设运动场、挂上些玩具,让马儿在马厩里也能找到乐趣。同时别忘了定期清理马厩,保持环境卫生。至于牵遛,除了注意安全外,还可以尝试不同的路线和地形,让马儿体验更多的新鲜感。

## 二、马儿保健小课堂

马儿除了有运动需求,还需要注意一些护理保健的关键点。马匹的保健有很大的学问,为了让我们的马儿过上既安全又健康的生活,马主可得好好琢磨其中的门道。

### (一)如何给马洗澡

给我们的"四蹄朋友"洗澡绝对是个技术活,得按步骤来。下面,我们来学习一些洗马妙招吧。

让我们先把洗澡工具准备齐全。马儿专用清洗剂和护发素是必不可少的,还要准备好大大的水桶和软软的刷子,这些都是洗澡的好帮手。接下来,找个宽敞又安全的地方,让马儿能自由自在地洗个澡。

一切准备就绪,开始洗澡啦!先用水把马儿的毛发打湿,然后涂上清

洗剂,就像我们洗头一样。不过,动作可得温柔点,马儿的皮肤很娇嫩,用刷子轻轻刷洗,把污垢和异味都洗掉,让马儿焕然一新。冲洗干净后,别忘了用毛巾给马儿擦干身子,这样它们就不会感到寒冷了。如果我们发现马儿的毛发有点干燥,还可以涂点护发素,让它们的毛发更加光滑亮丽。再给马儿来点"浴后护理",检查一下有没有哪里受伤或不适,及时处理。最后,让它们好好休息一下,享受这个美好的"沐浴时光"。

洗澡后的马儿是不是看起来更精神了呢?不过,洗澡虽然舒服,但也不能太频繁,不然反而会破坏马儿皮肤的天然保护层。根据天气和马儿的活动情况,每隔一段时间洗一次就好。

想象一下,当我们骑着干净亮丽的马儿出门时,回头率肯定不低。所以,赶快行动起来,给马儿洗个澡吧,让它们也享受一下"洗白白"的乐趣。

(二)如何给马按摩

有没有想过给高大威猛的马儿来一次舒缓身心的"SPA"?没错,马儿也需要放松和宠爱。通过按摩能消除肌肉僵硬和局部疲劳,促使静脉血液回流,减轻心脏负担,改善乳酸堆积情况,促进机体内环境平衡,从而达到放松护理的目的。此外,这也是与马儿建立信任和亲密关系的好方法。

通过按摩,马儿的肌肉紧张得到缓解,压力得到释放时,它们会用肢体语言表现出来,可能会凭空咀嚼、舔舔嘴,甚至打哈欠,或者向下抻脖子,这些小动作都表示马儿可能很享受按摩。在按摩过程中,我们可以跟马儿说说话,夸夸它们,让它们感受到关爱。虽然马儿不会说话,但它们一定能感受到善意。同样地,如果它们感到不耐烦或不适时,也会通过甩尾巴、扣蹄等动作表现出来。

如前我们在"马的视觉"章节强调的,要记住马儿由于双眼距离远,在其头部的前面和后面都有盲区。因此,从侧面接近马儿的颈部和肩部区域更为安全。这个区域也是开始抚摸马儿最安全的地方。

一旦我们顺利地从安全区接近一匹马,就可以开始沿着颈部和肩部进行长距离按摩,大多数马儿都喜欢被有节奏感地抚摸,每次每个部位都要从轻微压力开始,渐渐增加到中等压力,再到稍重度压力。

通常马儿可以按摩的部位有颈、肩、胸及臀部。其中,在给臀部按摩时,一定要注意它们的后腿,以免被踢到。其耳朵、面部和其他难以自行触及的区域适合进行轻柔的抓挠。马儿的耳朵非常敏感,这是一个需要耐心和细心才能抓挠的区域。然而,一旦马儿弄清楚这种感觉有多好,大多都会享受被揉耳朵。在野外,马儿常会互相梳理肩隆上的毛发,这也是

另一个抓挠的好地方,尤其是在马毛脱落的季节,或者马儿运动完出汗的时候。此外,抓挠马儿的下巴以及前腿与身体相交处的后侧还是检查马儿有无蜱虫的好方法。

给马儿按摩是不是很有趣呢？这不仅能让马儿放松身心,还能增进我们和马儿之间的感情,建立彼此间的信任和亲密关系。所以,赶快行动起来,给爱马来一次专业的"SPA"吧！

### (三)如何护理马的毛发

想要让马儿毛发亮丽、光彩照人吗？没问题,跟着我来,一起让马儿焕"发"新生！

每天给爱马刷毛是至关重要的。这样做不仅可以去除死皮和灰尘,促进血液循环,还能让马儿的毛发更加柔顺、亮泽。记得要顺着毛发生长的方向刷,避免造成马匹不适和毛发损伤。经常梳毛还能增进和马儿的感情。

想帮马儿护理毛发,一把好马刷是必不可少的。购买时要选择质地柔软、清洁能力强的刷子。别忘了定期清洗刷子,保持它们的清洁和卫生。这样不仅能延长刷子的使用寿命,还能避免病菌污染。如果我们拿着脏兮兮的刷子给马儿刷毛,它们一定嫌弃得直跺脚！

马儿的鬃毛和尾毛是它们的骄傲,需要额外护理。使用不同规格的鬃毛及尾毛专用梳和护发素,可以让这些部位的毛发更加柔顺飘逸。看着马儿在赛场上驰骋,鬃毛和尾毛随风飘扬,是多么赏心悦目。

随着季节的变化,马儿的毛发护理方法也需相应调整。冬天,马儿会长出厚密的冬毛来御寒,这时需要更频繁地梳理以防止毛发打结和掉毛。到了夏天,马儿会开始脱毛,准备迎接炎热的季节。此时,可以选择使用橡胶刷来帮助马儿褪毛,并保持皮肤的清洁。

总之，护理马匹的毛发需要一定的技巧。只要用心去做，一定能让我们的爱马成为赛场上最亮眼的明星。

### （四）如何给马驱虫

在马儿的日常饲养管理中，除了喂食和清洁马厩，还有一项重要任务就是驱虫。寄生虫可是马匹健康的大敌，不过别担心，今天就来教大家如何给马儿驱虫，让马儿健康、快乐地奔跑。

#### 1. 常见的马寄生虫

常见的马寄生虫包括体内消化道线虫（如马副蛔虫、马圆线虫、马绦虫等）、体外寄生虫（如马胃蝇、蜱虫等）及血液寄生虫（如马巴贝斯虫）。这些寄生虫不仅影响马儿的营养吸收，还可能引发各种疾病。所以，定期驱虫至关重要。

#### 2. 选择合适的驱虫药

市面上有许多马用驱虫药，选择哪种呢？这可得根据寄生虫的种类和季节来定。比如，伊维菌素、莫昔克丁对线虫、蛔虫很有效，而对绦虫、吸虫无效；含有吡喹酮和奥芬达唑的驱虫药则能杀灭多种寄生虫，包括蛔虫、吸虫、绦虫等。记得遵循医嘱和药品说明，不要随意使用。

#### 3. 掌握正确的用药方法

给药方式也很关键。有些马儿可能不太配合吃药，这时我们可以耍点小聪明。比如在驱虫药里加点糖，让马儿更愿意接受；或者试试用水果味的驱虫剂，让马儿误以为是美味的零食，轻松摄入药物。当然，这些方法都要在确保安全的前提下进行。

怀孕母马和马驹需要特别关注。驱虫计划应该结合繁育计划进行，避免对胎儿或幼驹造成不良影响。在这些特殊情况下，最好先咨询专业兽医的意见。

#### 4. 定期检查与预防

驱虫不是一劳永逸的,我们仍需要定期检查马儿的粪便,一旦发现虫卵或寄生虫,就要及时采取措施。此外,保持马厩的清洁卫生也是预防寄生虫的重要一环,要消灭蚊蝇孳生地,减少中间宿主。

总之,给马儿驱虫可是个技术活,既要选对药,又要掌握正确的用药方法。只要我们细心照料,就能让马儿远离寄生虫的困扰。

### 三、马儿的大房子

想象一下,如果我们的马儿伙伴每天都住在干净、舒适、安全的环境里,那么它们会不会更加健康、活力满满,从而在比赛中表现得更出色呢?

没错,这正是马厩管理的魅力所在。

好的马厩管理不仅会给马儿带来良好的健康状态,从而提升马术比赛的成绩,还能够增加马术产业带来的经济效益。因此,建立一个科学、合理的马厩管理体系,对于提升马术运动的整体水平意义非凡。

#### (一)马厩和马场设计

马儿总有着与生俱来的优雅,就像是四蹄的艺术家,它们的居住环境自然也不能马虎。那么如何才能为其量身打造豪华公寓和健身房呢?

##### 1. 马厩的设计

我们都知道住房选址很重要,马厩应选择在干燥、平坦且略带倾斜的地方,以便于排水。同时,地理位置的选择也应考虑避风向阳或迎向夏季主风向,以适应不同地区的气候条件。马厩的布局则是基于马匹数量及其活动需求而定,常见的设计有单排、双排或岛式设计。马厩合理的布局不仅能提高工作效率,还能确保马匹群居的舒适度和安全性。

马厩得足够大,每匹马儿的房间大小建议为 3m×4m,以保证它们足够舒适的空间。

马厩地面材料也很重要,不能太硬,要有弹性,还得防滑,确保马儿走动时四蹄稳当。此外,地面上还需要铺上一些垫料,给马儿提供一个舒适的"床铺",同时它还能用来渗透吸收尿液和水分,这样马厩就不会变得太湿、太臭。

常见的垫料有麦秸、刨花、稻壳、干草等,它们各有优缺点。麦秸是一种较常见的垫料,适合马儿躺下,但吸水性差,灰尘较多;刨花是一种优质马厩垫料,好看又好闻,但也有灰尘问题;压缩稻壳因为无尘的特性,特别适合过敏体质的马儿;干草则因为其天然的香味和柔软性,深受马儿喜爱。对于那些面积较大的马厩,建议将垫料铺满或至少铺 2/3,这

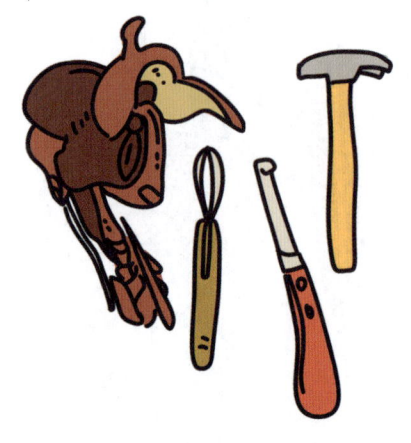

样既方便马儿休息,又方便马工清理马厩。

马厩细节的设计一定要保障马儿的安全。马厩里的任何东西都不能让马儿受伤,必须确保所有设施都结实且表面光滑,钉子及锐利尖端、边缘都得处理干净,马刷、蹄钳、马鞍等工具也应分别专设区域进行收纳,以防意外损伤。同时,马厩的门要注意不会意外地打开。毕竟,马儿如果突发奇想去夜游,那可就糟了。

为了马厩环境的干燥舒适以及马儿呼吸系统的健康,我们要关注通风问题。现代马厩设计往往采用通风系统,保持空气流通,这不仅有助于保持马厩的空气清新,还能预防感冒、咳嗽之类的小病。采光同样重要,马儿可是很喜欢晒晒太阳的。马厩要有足够的自然光照射进来,但同时得有遮阳设施。马儿虽然不会被晒黑,但长时间的直晒也可能引发日射病等。

**2. 马厩里为什么贴"保持安静""不要喂食马匹"的告示**

当你走进马厩时,会看到墙上往往贴着些引人注目的告示,如"保持安静""不要喂食马匹"等。这些看似简单的告示背后,其实蕴含着对马儿的深切关怀。

我们已经知道,马儿的听觉比人类灵敏很多,在大自然中通常生活在相对安静的环境中,嘈杂的环境容易使它们产生压力和不安,甚至可能引发恐慌和危险行为,如踢踏、咬人等。因此,保持安静有利于马儿放松身心,促进休息和体力的恢复。

"不要喂食马匹"指的是不要随意喂食。如前所述,马儿的饮食需要严格管理,要保证营养均衡,预防肥胖和营养不良,还要注意有些食物对它们来说是有毒的,比如巧克力、洋葱、土豆等。除此之外,过度喂食还可能引发乞食行为,让马儿从文雅的贵族变成求食的"小流浪"。

所以,这些告示可不是马厩中的装饰画,而是马儿的"秘密守护神",保护着这些高贵动物的宁静生活和健康饮食。所以,当我们下次进入马厩时,要像在图书馆里那样保持安静,喂食的好心也默默收起,一切交给专业的护理团队吧,这样马儿才能快乐、健康地与我们共度更多美好时光。

### 3. 马术运动场的设计

马术运动场不仅是马儿的健身房,也是骑手的梦幻乐园,更是人马合一艺术的展示平台。其场地设计、维护保养及安全措施都需要特别留意。

马术场地的尺寸和形状要经过科学、合理的设计,使它既能满足比赛和训练的需求,又能保证马匹和骑手的安全。标准的马术场地尺寸为60m×20m,但也有使用40m×20m的小场地。其地面必须具备良好排水性能,以防雨后积水;同时应具有一定的弹性,以减轻马匹奔跑时对关节的

冲击。常见的场地地面材料有纤维砂、橡胶颗粒、石英砂等,它们的价格以及作用效果各有不同,设计时可根据实际需求来选择。

马术场地每天至少进行2次维护保养,每次骑乘活动结束后都要进行场地平整。现在常用场地维护设备,如平地机和洒水车等,可以有效地保持场地的平整和湿润。当然洒水的时候切记不能过度浇灌,应以均匀湿润为宜。

设置安全设施是每个马术场地设计的核心环节。首先,坚固的围栏与标识必不可少。运动场周围须建有坚固的围栏,以阻止马匹碰撞,甚至逃离;场地内应有清晰的标识指示,为使用者提供指引。其次,运动场应配备完善的紧急医疗设施,并确保有专业人员随时待命,以应对可能发生的事故。最后,详尽的安全操作规程更是应该制定并公示在场地内显眼处,确保所有使用者了解并遵守规则,以预防风险,避免发生事故。

### (二)马厩常规检查

马厩的常规检查是马业从业人员日常管理马匹时的重要任务。完成各项检查操作,我们的马儿方能更好地保持健康和安全。接下来,就让我们一探究竟,看看这些检查都有哪些流程吧。

#### 1. 马儿的日常体检

我们来到马厩的第一件事就是观察马儿的状态是否正常。可以用手触摸马儿的身体,感受是否对我们的到来感兴趣或开心。马儿的情绪状态可以反映它们的健康状况,任何不适或焦虑都可能是疾病的前兆。仔细观察马儿的四肢,检查是否有肿胀、抽筋或其他异常症状;检查马儿的皮肤状况,包括有无创伤、擦伤或感染等。

我们还要观察马儿的食欲和饮水情况。正常情况下,它们有着良好的食欲,并在正常时间内饮水。一旦发现有不寻常的变化,我们都应该警觉起来,这很可能是马儿在提示我们"我不舒服啦。"此外,我们还应细心观察马儿的呼吸情况。它们的呼吸应平稳无声,没有异常的咳嗽,一旦听到不对劲的声响,应及时联系兽医进一步检查。

**2. 马厩设备及卫生检查**

我们对马厩内设施的每日巡查要维护马厩的结构、墙壁及设施完好,特别注意避免尖锐物品和危险物品存在。定期检查马厩周围的栅栏,确保其稳固和安全,防止马儿出门"遛弯"受伤。饮水设备和自动喂食器都应定期检查,确保其正常运作,不能让马儿挨饿抵渴。

马厩内部的卫生情况也是每日检查的必修课,包括马厩中的污物和堆积物。我们要定期清理马儿的粪便和尿液,将其堆放在合适的地方;同时注意保持良好的通风与正常的排水系统,前者有助于减少异味和粉尘,保持空气清新;而后者可以防止湿气滞留,减少真菌和细菌的滋生,切断疾病传播途径。

通过各项细致入微的检查,我们提前将这些潜在的健康问题扼杀在摇篮中,保证马儿以饱满的精神状态参与训练和比赛。

**3. 马厩信息化管理**

在这个技术日新月异的年代,马厩管理越来越科学化、系统化和信息化,让马匹的健康监测、场馆资源配置和客户服务等方面变得更加高效。比如监控马匹心率、体温、采食情况、步数等指标,并将这些数据实时更新

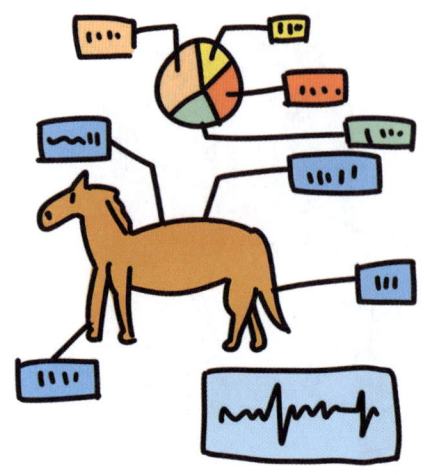

到管理人员的设备上,以及时了解马匹的状态,并能对异常状况迅速作出反应。杭州桐庐县的亚运马术中心就是一个很好的例子。通过建立全方位的马匹数字档案,对马匹健康状况、检疫、疾病检测报告等数据进行信息化处理,便于马匹健康管理;而且,亚运马术中心还用上了智慧场馆管理系统,能实时掌握场馆的功能和运行情况,保证数据的准确性和实时性,甚至能够帮助赛事筹备和赛时的管理工作,让马术比赛更顺利地举办。

对于马厩管理者来说,信息化还能帮助他们更好地进行资源配置和优化,通过大数据分析,找出最高效的运营方式。对马厩的使用客户来说,信息化管理让其能通过在线平台预约马厩,并查看详细信息。这种便捷的服务不仅提升了客户的体验感,也提升了马厩的运营效率。

信息化如同马厩管理的"超级助手",让一切都变得井然有序。随着科技的不断进步和社会对马术运动重视程度的提高,相信将来有更多马厩会"拥抱"信息化管理技术,迎接更加美好的马术行业未来。

# 第三章
# 马术爱好者入门

## 第一节　马术的渊源

马术运动是世界体育史的见证者,是已知最古老的运动项目之一。马术运动不仅包括现代的竞技马术,还有欧洲古典宫廷马术、中国少数民族马术等。在世界体育中,马术有卓越的地位,它更是一种文化的交流工具、文明的纽带。那么,马术运动起源于哪里?人和马有怎样的渊源?本节将揭开这些谜底。

### 一、马最早的用途

#### (一)运输与劳作

人类最早驯养马的目的,其实就是获取稳定的肉食资源。与牛羊一样,马匹性情较温顺,且能提供的能量较多。但是人类很快就发现马儿不一样的地方,它们敏捷、聪明,在交通运输上对人们的生活有很大帮助。

从四五千年前开始,人们驯养马的目的便从获取肉食转变成运输与劳作,马儿至今仍在为人类的生产工作贡献自己的力量。

在当今社会,虽然科技已经非常发达,但是自然界中依旧有艰险的山地、高原等难以征服的地形,人们就会利用马匹进行探索与运输。我国云南的滇马就充当着这一角色,它也是国内最有名的工作马之一。当地流传有一句俗语:"人敢走的,马敢走;人不敢走的,马也敢走。"

### (二)军事与战争

在古代战争中,马儿也有多种用途,常作为骑兵和军官的骑乘战马,或用来牵引炮台、战车等。士兵为了让战马在战场上准确移动,需要对马匹进行训练,因此,马术是古代军队中非常重要的训练活动。世界上最古老的运动项目之一——盛装舞步,这一优雅、文明、极具观赏性的运动就起源于充满暴力与血腥的战场。其中一些像"原地旋转"或是"斜着走"的动作,其实都是士兵训练战马的步伐,为了让自己能够更灵活地上场杀敌。

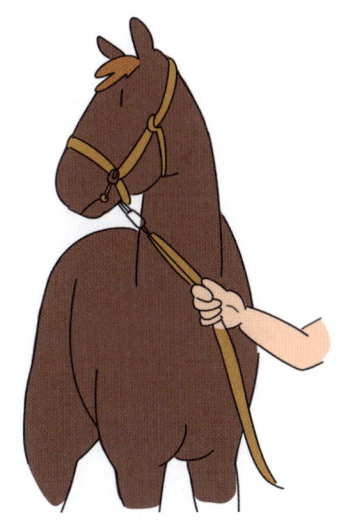

人们把许多军事训练的方法,按照一定规则,演变成运动竞技项目。在公元前7世纪的古希腊奥林匹克运动会中最早出现了马术赛事,设有二驾、四驾战车竞技。这也是古希腊城邦为了减少战争、促进和平而创造的项目。人们希望通过体育竞技,而非军事战斗,取得胜利,从而证明自己的强大。

## 二、马术文化与骑士精神

在西方,马术文化反映的是骑士精神,是上层社会的贵族文化精神。它积淀着西欧民族远古尚武精神的积极因素,发展至今,代表着绅士风范和高雅气质。

## （一）骑士精神的代表

古典时代的马术几乎完全以军事和宫廷作为基准。欧洲宫廷文化引领了早期马术艺术的发展，提炼出"骑士精神"。

"骑士精神"是欧洲自古以来传承的一种崇尚力量与荣誉的精神，进而演化成近现代欧洲文化的"绅士精神"。在古代，骑士精神是贵族文化中不可缺少的一部分，要求在个人层面上注重荣誉、礼仪及风度，崇尚风度翩翩的仪表、得当优雅的礼节以及在一切竞赛或比试中的公平竞争。

时至现代，骑士精神的尚武层面逐渐转化为现代体育精神，而对于礼仪的追求则转化成现代的绅士精神。在现代马术运动中，我们依旧崇尚以谦卑、怜悯、荣誉、诚实等为代表的骑士精神，这种精神往往能够促进骑手在马术路上走得更远。

## （二）宫廷马术的传承

当我们讨论起源于西方的现代竞技马术，必不可少的内容就是宫廷马术。宫廷马术是古典马术向现代马术发展的一个重要分水岭。文艺复兴后，贵族对艺术的追求越来越多，马术成为当时非常重要的一种艺术欣

赏。此外,在欧洲,宫廷马术及宫廷马队还是皇家礼仪的最重要体现。一个国家在其宫廷马术上的造诣往往代表着其综合国力。

当时,由宫廷马术传承与发展产生的古典盛装舞步以及古典派马术哲学,也对现代马术的发展有着非常重要的理论指导作用。自文艺复兴开始,直至现代,马术对人类的艺术包括音乐、绘画,乃至思想和思维方式都产生了重要的影响。

## 三、骑马的奥秘

文艺复兴后,人们对马匹的训练趋向于现代化和科学化。时至20世纪,人类的社会文明得到前所未有的提升,人们也更多关注到动物的福利,产生了更多对于人与自然关系的思考。现代马术运动要求我们用人道、和谐的方式对待马匹,这同样是我们人类社会越来越文明的表现。人们不再强制马运动,而是通过自然和自由的方式,让马匹获得更好的调驯。

在现代马术运动的发源地——欧洲,流传着这样的一句话:"会骑马的不一定是贵族,但贵族一定会骑马。"人们普遍将骑马作为与马互动的重要方式。并且,人们更注重如何与马更好地互动,一个好的骑手一定可以和他的马做"好朋友",这既是科学调驯的结果,也是个人修养的表现。而随着骑马运动的普及化,其对人体的好处也得以凸显,也让越来越多人加入这项运动中来。

## (一)相马术

骑马首先要挑选一匹与自己"气味相投"的爱马,这个过程即"相马"。想必大家都听过"伯乐相马"的故事。伯乐原名孙阳,春秋时期,他作为能够识别好马的专家为秦国立下了汗马功劳,秦穆公特别封他为"伯乐将军"。伯乐将军终其一生都在和马打交道,并且将他毕生的经验进行了总结,写下我国历史上的第一部相马著作——《伯乐相马经》。古人称从观察外表来寻找好马为"相马",相马术又被称为"伯乐术"。那么如何相出一匹好马呢?

### 1. 好马应有的体型

在相马时,先应该看马的外观与体型,从这两方面可以很好地看出马的品质和训练状态。

中国古人讲究好马要"玉面聪耳",也就是马头的大小要匀称,耳朵要灵活,不能太大;马要表现得聪明、机警,这样的马聪明、灵巧。马的肌肉要匀称,背部流线清晰,胸肌健壮有型,臀部肥且壮。马匹的身体应有一定脂肪,通常情况下肋骨不外显(部分三项马或速度赛马除外)。马匹的腿部应当粗壮但不笨重,有活力,落蹄有声,这是一匹好马应有的体型。

### 2. 好马应有的状态

好的马匹应当体现出精力旺盛的状态,耳聪目明,马匹的运动应当灵巧、不笨重。在平地工作时,马匹的表现应当安静但有活力,既不对环境表现得过于紧张或兴奋,也不对工作表现得消极和懒散。

马匹的运动步伐应当干脆,运步节奏应当稳定且准确。运动过程中,马匹应当表现出力量与柔韧。在四肢弯曲的时候,马匹的肌肉应当显得流畅而不僵硬,马匹也应当对骑手的指令表现出专注和服从。

### 3. 相马时要相信"缘分"

"缘分"这个词看着比较高深莫测,却是相马需要遵循的"原则"之一。这里说的"缘分"指的并不是飘渺的命运,而是指在择马期间,我们要根据现实情况选择马匹,既要符合实际需求和自己的喜好,又不能全凭个人喜好选择。

我们常说挑选马匹要合眼缘,因为如果一匹马一开始就让骑手感到不舒服、不契合,那么训练中人马的配合也是会有问题的。我们也要综合考量马匹能力与骑手能力的契合程度,还有马匹血统以及马厩环境。如果仅因为个人喜好强行购买,那么有时候会适得其反。

## （二）常见的骑马用具

"好马配好鞍"说的是我们骑乘好的马匹时要用好的马鞍来搭配，骑马时才能跑得快、跑得舒服，说明了马具对于骑马的重要性。我们选中适合自己的"宝马"后，就要为骑马挑选必需的马术用品。骑马用具大体上分为两类，一类是供马使用的，另一类是供骑手使用的。供马使用的用品主要有马鞍、笼头、衔铁、马衣、低头革和缰绳等，供人使用的用品主要为头盔、护甲、马靴、马裤和手套等骑士用品。这里展开说说马的相关用具（鞍具）。

### 1. 马鞍

在所有马具中，马鞍是最重要的一件。好的马鞍本身就是一件精美的工艺品。马鞍可以让骑手更稳定和舒适地坐在马背上，同时可以保护马的背部免受过度的压力和摩擦。马鞍的发明可以追溯到公元前700年

左右，它极大地提升了骑兵作战的技术，从而改变了战争的形式和结果。马鞍不仅是一种实用的工具，也是一种文化的象征，多样化的设计反映了不同民族和时代的特征和风格。马鞍主要包含鞍架、鞍座、鞍枕、鞍翼、镫带、脚镫等，按使用用途分为综合鞍、舞步鞍、障碍鞍、西部鞍、耐力鞍等。

### 2. 水勒

水勒是一种备在马匹头部的骑乘装备，是让我们和马儿紧密连接的"方向盘"，是骑马时控制马匹的主要方式之一。骑手通过使用水勒，达到让马匹前进、后退、转向和刹车的目的。水勒主要由项革、额革、咽喉革、颊革、鼻革、衔铁、缰绳组成。

### 3. 其他用具

如肚带、耳罩、鞍垫、平衡垫、脚包、马笼头、马衣等。

### （三）骑马的好处

骑马作为一项人与马互动配合的运动，能够帮助人们健身、康复治疗、缓解压力、放松心情，甚至治愈疾病，达到辅助治疗的效果。当马儿用它们那纯真的眼神和温柔的动作来回应我们时，这种互动可以让我们感到无比放松和自在，仿佛回到童年时光。这种氛围能激发人类的潜能，实现身心的康复。

#### 1. 强身健体，磨炼意志

骑马完美地将主动和被动运动、有氧和无氧运动相结合，大大降低了常规体育锻炼的枯燥和力不从心的感觉，同时可以美化肌肉线条。骑马0.5h，相当于打一整场激烈的篮球赛所消耗的能量。据统计，西方国家的选美小姐中90%以上的健美运动是骑马。此外，骑马能调节男性生殖系统功能，预防前列腺增生等疾病。骑马还能促进儿童的骨骼发育，从小骑马的孩子比不骑马的同龄孩子身高要高出4~8cm。

#### 2. 物理与康复辅助治疗作用

骑马可不是简单地坐在马背上和马儿一起溜达那么简单，它其实是一种全身协调性运动，可以帮助训练如何控制肌肉关节活动，从而起到物理康复治疗的作用。通过骑马时各种主动与被动的运动方式，保持平衡，调整呼吸，有助于那些受伤或残疾的患者做康复训练，重新找回生活的乐趣和信心。比如，卒中（中风）患者可以通过模仿马儿的步态来重新学习走路；关节损伤的患者则可以通过与马儿一起运动来改善关节的灵活性。有了马儿的陪伴，康复治疗不再枯燥无味，反而变得充满乐趣和期待。

### 3. 心理辅助治疗作用

骑马还有心理辅助治疗作用。马儿的眼睛里仿佛藏着星辰大海，它们总是那么温柔、那么深邃。当我们骑上温顺的马儿，在草地上漫步，感受那阵阵微风拂过脸庞，仿佛可以瞬间忘却所有烦恼。与马儿的互动可以促进大脑释放内啡肽，有助于缓解压力，减轻焦虑和抑郁症状。长期骑马的人士大都身型挺拔、气宇轩昂。可见骑马是一个将体魄锻炼与性格培养融汇升华的过程。青少年骑马不仅能够锻炼身体，磨炼意志，还能唤醒孩子内心深处潜藏的自信，增强孩子对复杂环境的应变能力和对挫折的抵抗能力，缓解孤独和抑郁的情绪，愉悦身心。

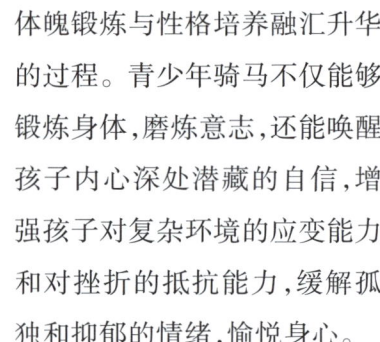

马这种看似平凡的动物，其实蕴藏着无穷的力量和智慧。它们用自己的方式帮助人类走出困境，重拾快乐。所以，如果我们正在经历人生的低谷，不妨去马场找找那些可爱的马儿吧，它们一定会用最治愈的笑容来迎接我们。

## 四、认识马术

不同于骑马运动的随意、自由，马术对骑手和马匹都有着更高的要求，需要骑手和马经过多年训练，展现马术动作的优雅、敏捷和激情。为了规范马术运动，国际上还设立有专门的马术组织机构——国际马术联合会（简称国际马联），成立于1921年，总部设在瑞士洛桑。中国的马术最高组织机构为中国马术协会，成立于1979年，总部设在北京。

在现代，马术已然发展成全民运动。除了作为传统文化象征，现代马术还衍生出人与自然和谐共生的概念，讲究"人马和谐"与"马匹福利"。

国际马联的宗旨有一句"马匹福利高于一切",代表了现代马术的发展方向。它提示我们在马术运动中应当发掘马的天性,通过和谐、合理、富有人性的训练,让马匹达到一种灵动的状态,而不是强迫马匹完成动作。这样的进步会带领着人们领悟更多马术运动的真谛。

随着经济和文明的发展,人们的综合素质越来越高。人马和谐的理念与对马匹福利的尊重与保障会获得越来越多的关注。马术从以马为工具、用马展现身份和财力的理念,转换成以马匹福利为先、人马和谐共同发展的思想。马术是世界上唯一一项人与动物共同完成的运动,马术运动的最高追求是人马组合浑然天成的表现。我们在马术运动中追求人马的和谐,强调的是富有艺术性的联系。马术运动教会人与自然的相处方式,体现了人类追求人与自然和谐共生的一种态度。

### (一)马术运动的特点

马术是一项时尚、高雅的体育运动,以竞技和观赏为目的。在规定的场地内,骑手指挥马匹,马匹则按照骑手指令行动。这种配合是通过人马间的交流,而非强迫来实现的。

马术运动讲究人对马的操作技术,对于人骑马的坐姿、缰绳控制、腿部用力、起坐动作都有一系列的动作评价标准。马术对场地也有严格的要求。国际马术联合会制定了详细的标准规定了场地的大小,以确保骑手和马匹有充足的运动空间;还规定了地面材料,以确保马匹在执行动作时得到稳定的支撑。除此之外,场地四周还需要有围栏,通常围栏的材质是有弹性的,围栏颜色与场地环境协调,以降低马匹意外逃脱的风险,同时保证比赛的观赏性。因此,马术需要人们在正规的马术俱乐部进行专业训练。想要更好地提升水平,还要参加马术协会举办的等级考试,用等级证书证明自身的马术水平。

经过长期的发展,马术运动形成了多个类别,主要包括马术比赛、马球和竞速。

马术比赛是奥运会中唯一一项完全体现男女平等、同台竞技的项目,分为场地障碍赛、盛装舞步和三项赛。场地障碍赛中,骑手和马匹要跨过一个个障碍并计时,碰到障碍物将被罚分。所以,动作的灵活性、技术性和协调性对马匹和骑手非常重要。盛装舞步是最先进的马匹训练方式,马匹和骑手要伴随着音乐完成一系列艺术动作,裁判组将根据动作的优雅和连贯性打分。三项赛结合了场地障碍赛、盛装舞步和越野赛。越野赛在布满障碍且起伏不平的赛道上举行,将考验运动员的耐力和经验,运动能力最全面的马匹和骑手往往是最后的赢家。

马球是骑手在马背上用球杖击球的运动。在我国古代,马球又称为"击鞠",是贵族阶层娱乐的游戏。游戏者骑马分两队,队员们手持球杖,一起骑马击打一个拳头大小的球,把球攻入对方球门则获胜。在现代西方国家,马球仍然保持贵族运动的地位,欧洲皇室和贵族成员几乎从小就练习这一项目。现代马球比赛规定了每支参赛队伍由4人组成,每个队员在比赛时都会手持竹子或柳木制成的马球杆,马球通常是直径10cm的白色塑料球。比赛分为4~8个赛段,比赛结束时进球最多的队伍将获胜。

竞速是骑着马的赛跑,比拼的是马匹到达终点的速度。与其他马术运动相比,马匹的运动能力对比赛成绩的决定性更大。如果有一匹耐力、足力上乘的马,就很大程度可以奠定获胜的基础,因此参赛的大多是品种优良、血统纯正的马匹。看到这里,可不要以为这项运动很简单。在现代竞速比赛中,参赛马匹需要由专门的人员检查其状态,随后骑手才能上马进入赛场。比赛开跑前要让这些名贵马匹进入赛跑的状态也不是一件简单的事情,这与它们的性格有关,有的马更加安静沉稳,有的马更加好动活泼,因此比赛要设置各自专用的闸箱供骑手和马作准备。骑手和马在规定时间进入出发点的闸箱,如果个别马没有调整好状态,无法顺利进入,则会有统一规定的调整时间,超时后无法再延长时间,这样既能让马热身,又保证了公平性。

### (二)国际马术联合会

统一马术比赛规则的组织机构是国际马术联合会(International Equestrian Federation,FEI)。FEI是马术运动的全球管理机构,监管盛装舞步、场地障碍赛、三项赛、马术耐力赛等正式马术比赛的纪律,核心任务是确保马术比赛的公正、诚信、体育精神以及以马匹福利为前提的竞技状态。

如果把国际马术界比作一部精彩的大型电视剧,那么FEI就是制片人、导演和编剧的完美结合体。他们不只是让故事线条流畅,更确保每个角色都按照剧本行事,场景布置得恰到好处,光影效果达到最佳,以及最重要的——确保演员(马匹和骑手)的安全和福利。这个"剧组"的工作范围很广,从剧情发展——比赛规则的制定,选角——马匹及骑手的资格审查,到拍摄现场——比赛场馆的标准化,没有一个环节不在FEI的监督之下。而且,FEI像一个负责任的制片人一样,还得时刻注意保持整个产业的公正,也就是防止兴奋剂这类"剧透"出现。

如果把马术界比作一支庞大的交响乐团,FEI就像是马术世界的"指挥家",让每个参与者都能在这支庞大交响乐中找到自己的节奏,和谐、优雅地共舞。是FEI保持了马术这项古老运动的生命力,不仅使它的传统得以保留,而且能闪耀着现代体育的活力与魅力,让整个马术界的轮子滚滚前行。

### (三) 马匹福利准则

国际马联强调的马匹福利,关乎每一匹马的身体健康、幸福感和工作表现。一匹幸福的马儿,会更有精神,更有活力。要想马匹过得好,五大福利要素少不了。生理、环境、卫生、心理、行为这五大要素就像马儿的"幸福指南",是每位爱马人士都必须牢记的内容。在国际马联的大家庭里,马匹可不仅仅是运动员的"合作伙伴",它们还是备受宠爱的家庭成员。为了确保马匹得到应有的福利待遇,国际马联制定了五项严格的马匹福利准则。

**1. 生理福利——确保马儿身体健康**

**定期体检**　马儿必须接受定期的健康检查,就像我们人类要定期体检一样,确保它们身体棒棒,才能驰骋赛场。

**疫苗接种**　为了预防马儿生病,各种必要的疫苗可少不了。毕竟,健康的马儿才能创造更好的成绩。

**2. 环境福利——提供舒适的生活环境**

**住宿条件**　马厩必须宽敞、干净、通风,确保马儿住得舒心。这可不是随便搭个棚子就能打发的。

**运动场所**　马儿需要足够的运动空间,来撒欢和保持身材。所以,一个宽敞的运动场是必不可少的。

**3. 卫生福利——实施合理的饲养管理**

**饮食均衡** 马儿的饮食可是个大讲究。不仅要吃得饱,还要吃得好,营养均衡才能跑出好成绩。

**饮水清洁** 马儿必须随时能够饮用到清洁的水,这样才能保持体内水与电解质平衡,跑得更快更远。

**4. 心理福利——关注马儿的心理需求**

**社交机会** 马儿可是群居动物,它们喜欢和同伴在一起。所以,得确保它们有足够的社交机会,避免孤独感。

**减少压力** 马儿也有情感,也会感到压力。因此,要尽量减少它们的紧张情绪,比如通过适当的训练和照顾来让它感到安心。

**5. 行为福利——严禁虐待和忽视**

**温柔对待** 对待马儿要温柔、有耐心,绝不能使用暴力或虐待手段。在国际马联的赛场上,这种行为是绝对不允许的!

**及时照顾** 如果马儿生病或受伤,必须得到及时的医疗照顾和护理。毕竟,它们也是赛场上的英雄,值得我们好好对待。

总之,关注马匹福利就是让我们帮助心爱的马儿过上幸福的生活。

为此我们需要做到以下几点：提供营养均衡的饲料和清洁的饮水，确保马儿的身体健康；定期检查马厩的设施，确保安全无隐患；给予马儿足够的运动时间和自由活动的空间，让它们能尽情奔跑；多与马儿互动，了解它们的需求和情绪，让它们感受到我们的关心。

只要用心去做，马儿一定会感受到我们的爱，并用它们的忠诚和勇气来回报我们。

### （四）世界马术运动强国

在国际马联的带领下，有这样几个国家可谓世界马术运动强国，它们不仅在马术运动上有着悠久的历史和深厚的文化底蕴，而且在奥运会等国际赛事中屡次展现出强大的实力。

#### 1. 英国

英国可谓马术的摇篮。它的马术历史可以追溯到几百年前，是现代赛马的发源地。1752年英国赛马会成立，同时建立了严格的赛马赛事体系和育种监管体系。正是这样的历史背景和文化积淀，让英国在马术领域拥有了丰富的训练资源和优秀的骑手队伍。在世界马术排名前3000名的选手里，英国占了1000多名，这足以说明其在马术领域的深厚底蕴。在国际马联的全球场地障碍骑手排名中，世界第一的争夺可谓英国选手相互竞争的"家事"，这也彰显了他们卓越的实力。

#### 2. 德国

大家对德国的印象可能更多来自其严谨的工业制造，但实际上，德国在马术方面也有着不俗的实力。德国政府长期以来一直扶持马的育种产业和赛事管理，建立了属于联邦州的国有马场，这些马场至今仍然孕育着优秀的温血马。在2020年东京奥运会上,德国队以绝对优势夺得盛装舞步团体金牌,这已经是他们第14次获得该项目的奥运金牌,不愧是世界马术运动强国中的佼佼者。

3. **荷兰**

荷兰人以航海和贸易闻名于世,但是在马术领域,他们同样取得了相当高的成就。荷兰的优势在于其对马术运动的创新思维和持续投资。说到现今世界上最成功、最流行、最受欢迎的马术竞赛与骑乘用马,毋庸置疑,就是1958年才登记在册的新品种——荷兰温血马,它们在国际比赛中表现出色,也使荷兰马术在全球享有盛誉。此外,荷兰马术运动员在国际赛场上同样屡获佳绩,相信爱马术的人们都曾经为他们盛装舞步的精彩表演而惊叹。

总之,世界各地都有其独特的马术文化和传统,从英国的悠久历史,到德国的严谨培训体系,再到荷兰的卓越创新,每一个马术强国都在自己的领域不断进步和创新,为推动世界马术运动的进步作出贡献。

# 第二节　马术集锦

现代马术运动起源于公元前7世纪的古希腊奥林匹克运动会,其后的马术赛事也随着历史发展逐渐演变。

奥运马术有着悠久而精彩纷呈的历史。让我们一起穿越时空,探索这个充满激情与优雅的运动吧!

马术运动起源于古希腊,当时的人们认为要想从战争中存活下来,骑手与马匹必须完美合作。因此,盛装舞步被开发出来,作为训练马匹备战的方法之一。马术在古代奥运会中还曾以战车比赛的形式出现,场面雄壮且刺激。随着古希腊的解体,马术慢慢被人遗忘,直到文艺复兴时期才重新出现在人们眼前。18世纪,古典马术的发展达到顶峰。1729年世界闻名的西班牙皇家马术学校在维也纳创立,为现代马术奠定了基础。

时间来到1900年,那是一个阳光明媚的夏日,法国巴黎正在举行第二届奥运会。马术运动在那年被正式列为奥运会项目,包括障碍大奖赛、跳远障碍赛、跳高障碍赛、骑乘用马和猎马选美大赛以及马车赛等五大比赛项目在布列塔尼广场竞技场举行。

1900年的巴黎奥运会后,马术比赛在奥运会中退出多年,最终于1912年的斯德哥尔摩重返奥运赛场,并把场地障碍赛、三项赛和盛装舞步列入奥运项目。在1920年的安特卫普奥运会中,因赛事组织中存在诸多问题,国际奥委会在次年组织了一次会议,决定成立专项国际联合会来对马术运动规则进行标准化管理。于是,领导国际马术运动的国际组织——国际马术联合会在1921年应运而生。

以前的马术比赛只允许男性参加,直到1952年赫尔辛基奥运会,女性才被允许参加奥运会马术比赛,在当年的盛装舞步个人赛中首次有女性参赛并获奖。此后,马术成为奥运会历史上唯一一个男女同场竞技的奥运项目,奖牌分别颁发给个人和团队。

1996年亚特兰大奥运会,残疾人盛装舞步首次亮相残奥会赛场,这标志着马术运动的发展进入一个全新的时代。

2008年,奥运会和残奥会首次在中国北京举行,但是由于在中国内地尚无国际认可的马匹无疫区,组织者最终决定在距离北京约2000km的香港举行。中国有6位骑手首次站上奥运赛场,代表中国参加了场地障碍团体赛和盛装舞步、三项赛个人赛。

到如今,马术比赛已成为4年一度的奥运会上最受欢迎的体育项目之一。当今奥运会的马术项目共设3项比赛、6枚金牌,分别是场地障碍赛(个人、团体),盛装舞步赛(个人、团体),三日三项赛(个人、团体)。奥运马术是一项充满魅力的运动,它不仅展示了骑手与马匹的默契配合,还体现了人类对自然界的深刻理解和尊重。

# 一、奥运竞技马术项目

## （一）盛装舞步赛

盛装舞步赛在1912年正式成为奥运会的比赛项目，又称花样骑术赛或马场马术赛，是马术骑乘艺术的最高境界。盛装舞步的英文名称dressage源自法语"训练"一词，其舞步动作源于文艺复兴时期欧洲骑兵训练马匹的方法，是马术运动的基础。20世纪初，这种舞步变得更具艺术性和观赏性，逐渐成为一种竞技项目。此项比赛旨在考验马匹的服从性、灵活性及其与骑手的协调性。在整个骑乘过程中，人着盛装，马走舞步，骑手与马匹融为一体，合作表演一连串精心设计的优雅动作，展现出人与动物、力与美的和谐统一。因此，盛装舞步赛又被形容为马术中的"芭蕾舞表演"。

### 1. 盛装舞步看什么

盛装舞步场地一般为长方形，有小场地和大场地之分。小场地长40m，宽20m，适用于初级比赛；大场地就是标准竞赛场地，长60m，宽20m。舞步场地的四边每隔一定的距离都设有英文字母，场地短边中点位置分别是A点和C点，A、C两点连线形成场地中线，其上有5个字母（D、L、X、I、G），从短边中点到中线上最近一个字母的距离为6m，其余长边及中线上字母间隔为12m。其中最特殊的是X点，它位于场地中央，是许多骑乘线路的交叉点。场地中线上通常没有标识牌，骑手由A点进入场地，需要选手自己留意判断场地大小和各点间距，走路线就会更精准。

盛装舞步骑手的服装是马术运动中最精致和讲究的，骑手头

戴礼帽，身着燕尾服，脚蹬高筒马靴，伴着悠扬、舒缓的旋律，驾驭马匹在规定时间内表演各种步伐，按要求完成连贯、规格化的动作，无论动作多么复杂多变，人和马都应气定神闲、风度翩翩。

路线和动作的复杂是盛装舞步的难点之一，走错要罚分，错4次直接淘汰出局。骑手进入场地后，按照赛前发布的规则完成比赛，他们需要在马匹慢步、快步、跑步三种基本步伐的构成基础上，做缩短、中间、伸长、定后肢旋转、斜横步等各种步幅动作。成熟的舞步骑手的辅助和重心变化都很微妙，他们能让一切动作看上去就像是马儿的自主行为，好像它们自己就知道该怎么完成一样。

盛装舞步对骑手的艺术造诣也有一定要求。最高级别的音乐自由演绎大奖赛是由骑手根据自己的选择编排音乐，然后完成规定动作和自行设计的动作，裁判们根据技术难度和艺术性打分，竞技之余还具有很高的观赏性。

"只有十分努力，才能看上去毫不费力。"这句话用来形容盛装舞步骑手再合适不过。大多数观众只看到闲庭漫步的表象，却想象不到选手与马匹背后漫长的磨合，也忽略了骑手们对艺术的理解与表达能力。

**2. 盛装舞步怎么看**

在初级阶段，只要求新手表演基本动作，如慢步、快步和慢跑；随着水平提高，相应增加难度，如在基础步伐上增加缩短身躯、对侧步等动作；当达到国际锦标赛的水平时，会要求骑手和马表演斜横步、慢步小跑、原地做后肢旋转、慢跑时做变换腿等。

总体来说，所有参赛骑手与马匹严格按照书面规定要求进行表演，每一种比赛都详细规定相应的动作。动作标准和赛期长度根据马的调教水平来制定，从初级比赛到奥运会比赛，再到地区和世界锦标赛，要求各不相同，比如在高等级赛事表演需要 7~8min，为此，参赛马匹需要经过数年调教，从生理到心理都要达到一定水平，应步法自如且规整，动作协调、顺畅，前肢轻盈，后肢踏进，产生充沛的推进力，同时应表现得不紧张、不抗拒，自信且专注。

每项动作由裁判评分，评分范围0~10分（10分最优），成绩评定根据动作完成程度、人马配合等情况，结合马的步调、行进气势、顺从程度、骑手姿势与正确辅助效果等评分。比赛细则由各国马术协会或国际马术联合会制定，定期更新，以适应马匹和选手的变动，争取更加引人入胜。

### （二）场地障碍赛

在1900年第二届奥运会上，马术场地障碍赛正式成为奥运比赛项目。这一历史悠久的运动项目展示了骑手与马匹的综合实力，是一项观赏性极强的运动，比盛装舞步赛更加精彩、刺激。

**1. 场地障碍赛看什么**

场地障碍赛（Show jumping）是考验人与马合作在各种条件下通过设有障碍物路线能力的比赛，这项运动要求骑手和马匹勇敢且坚毅，马匹的弹跳能力及其对起跳时机的选择，配合骑手对比赛节奏的掌控能力尤为重要，他们共同的目标是在尽量短的时间内准确无误地跨越全程障碍。

场地障碍每场比赛线路都不相同，骑手往往在赛前0.5h才能看到比赛路线图，并被允许现场查看线路，但马匹不能随骑手入场，因此骑手只能通过自己的步子丈量尺寸，结合骑乘马匹的步幅，量身定制属于自己的线路规划。

骑手拿到路线图，如考生拿到试卷，要第一时间整体浏览宏观上的关键信息，包括赛制、赛场形状、出入口位置、路线长度、行进速度、允许时间、限制时间、障碍数量和跳跃次数。路线图中往往藏着更多解题关键点，如起终点线的位置、绿植的摆放、路线整体布局等。线路整体布局是骑手最关注、最需要时间琢磨的部分，蕴含着大量技术信息，包括进入起点线的空间、直线或弧线关联的障碍数量、组合障碍的类型和数量、两道障碍之间衔接的方式或相对位置、回转的直径和空间、一道障碍起跳前或落地后距离围栏的空间等。

根据比赛级别不同，障碍数量、高度、宽度设置都有所不同。比赛中骑手应按指定路线和顺序,以最短时间顺利跃过全部障碍物为佳。比赛为罚分制,碰落障碍、马匹拒跳、不服从、骑手落马、超过规定时间等情况都要罚分,甚至被淘汰。比赛成绩确定为先比罚分,再比时间,零罚分且时间最短者优胜。

### 2. 场地障碍赛怎么看

场地障碍赛的赛程与场地设置有较多专业术语。

**零罚分** 在一轮比赛中,骑手没有任何失误。

**罚分** 对骑手在比赛过程中失误的处罚,比如碰落障碍杆,超出比赛允许时间,都将被罚分。

**拒跳** 当马匹在必须跳跃的障碍前停下来,属于拒跳,将被罚分。

**红白旗** 障碍架外侧上方固定的红色和白色旗子表示的是骑手前进的方向。骑手通过每道障碍的正确方向是白旗在左侧,红旗在右侧。

**垂直/单横木障碍** 由障碍杆、长木板构成的一道垂直面的障碍。

**伸展/双横木障碍** 由两道垂直障碍共同构成的一组障碍。

**平行双横木障碍** 前后两个横木障碍杆在同一高度的一组障碍。

**三横木障碍** 由三根横木杆共同构成的一组梯形障碍。

**砖墙障碍** 一道外形类似砖墙的障碍,采用轻型材料,打杆时上层砖块容易掉落。

**组合障碍** 通常由两道或三道障碍构成的障碍群,每道障碍之间至多两个马匹步幅距离,分为双重障碍和三重障碍两种类型。

**水障** 一道尺寸较大的长方形水池障碍。

**利物浦水障** 设置于垂直障碍或伸展障碍下方的长方形水池障碍。

### 3. 精彩赛事回顾

国际赛事劳力士场地障碍赛大满贯创办于2013年，由4项马术大赛组成，分别是荷兰马术大师赛、亚琛世界马术节、CSIO云杉草地大师赛及日内瓦国际马术节。它被誉为马术障碍赛的最终挑战赛，唯有连续于其中3项赛事赢得大奖的骑手，方可获得劳力士场地障碍赛大满贯殊荣，迄今唯一一位大满贯得主为英国骑手斯科特·布拉什（Scott Brash）。

作为全球最高级别的五星级马术障碍赛之一的浪琴环球马术冠军赛于2014年落地中国上海，吸引了世界顶级的骑手以及在欧洲、美洲等地参赛的近百匹世界顶尖赛马前来比赛，为中国观众奉上了一场场令人难忘的"上海之跃"。阔别多年，2024年环球马术冠军赛上海站于5月3~5日回归，作为国内唯一一场五星级场地障碍赛事，在国内首座符合国际顶级马术赛事标准的永久性专业比赛场馆——上海国际马术中心举行，为世界马术爱好者献上一场精彩大秀。

### （三）马术三项赛

1912年，在瑞典斯德歌尔摩举办的第五届奥运会让马术比赛项目重回赛场，设置有三项赛（个人和团体）、场地障碍（个人和团体）及盛装舞步（个人）。其中，马术三项赛是马术比赛中最艰苦、最考验骑手与马匹的比赛项目，比赛中充满危险和刺激，是奥运会马术比赛中最难拿到金牌的项目。这项比赛源于骑兵骑术的全面测试，由盛装舞步赛、越野障碍赛和场地障碍赛组成，需要骑手在三个不同马术项目中均具备实力。

### 1. 马术三项赛看什么

国际马术三日三项赛分三部分并在三天内进行，故又称作"三日赛"，依次进行盛装舞步、越野障碍赛和场地障碍赛。奥运马术三项赛为三日赛。

国际马术单日三项赛规定在一天时间完成三项比赛，依次为盛装舞步赛、场地障碍赛和越野障碍赛。

按照国际马术联合会的规定，国际马术三项赛分为四个级别，从低到高依次为一星、二星、三星、四星，最高的级别是四星级。其中，达到国际马术三日三项赛或国际马术单日三项赛三星级规定成绩是参加奥运会的门槛。

**2. 马术三日三项赛怎么看**

奥运马术三日赛中，第1天为盛装舞步比赛，其场地和规则与专项盛装舞步赛相似，但是三日赛中的盛装舞步要比专项赛简单得多，包括基本步伐和步幅姿态等，目的在于测验马的调教程度和骑手驾驭马匹的能力。骑手在3位裁判面前完成一套固定动作，裁判的评分会转换成罚分形式，每项分数都会带入下一项中累加。

第2天进行速度、耐力和越野能力比赛，即越野障碍赛。比赛全程分成5段，设有不同形式的障碍、水沟、堤坎、斜坡等复杂地形。骑手必须在规定时间内到达终点。如果跳跃中出现问题或者超过规定时间，都会遭遇罚分。

第3天进行的是场地障碍赛，形式和规则大致与专项场地障碍赛相似，但难度较小，因而三项赛中场地障碍训练并不意味着要跳过极高的障碍，而是关乎技能的提高。

三项比赛中，骑手必须骑乘同一匹马。三日比赛结束后，成绩的评定由三项比赛的积分高低确定，总罚分最少的人马组合将获得个人冠军；团队赛则根据赛制要求取前3名成绩计入团队成绩。

自1982年新德里亚运会设置马术项目以来，经过40多年的努力，中国队于2023年10月2日在杭州亚运会一举夺冠，实现我国马术三项赛金牌零的突破。

### （四）现代五项中的马术

现代五项运动是根据古希腊战争中的一个传说演变和发展而来的。一个通信兵接受任务后，跨上骏马奔驰在起伏不平的原野上，越过一道道障碍；在遭到敌人阻击，战马被击毙时，他勇敢地拔出利剑杀出重围，并用弓箭击退追兵，然后游泳渡过一条波涛汹涌的大河，最终跑步把情报送到目的地。

1912年，在瑞典斯德哥尔摩举行的第五届奥运会上，由现代奥林匹克之父顾拜旦先生创办的现代五项被列为正式比赛项目，包括马术、击剑、射击、游泳、跑步，也被称为"军事五项"。

**1. 现代五项赛看什么**

现代五项赛中，所有参赛运动员都必须在规定时间内完成5个项目的角逐，根据五项成绩的总和评定名次。

其中的马术比赛为场地障碍赛，其形式和规则大致与奥运马术三项赛中的场地障碍赛相似，马匹由比赛当地承办单位提供，赛前抽签决定人马配对，这就让很多运动员没办法及时和马匹建立良好的默契，对参赛者和马匹来说都是很严峻的考验。其他4项中，每个参赛者基本可以自我调控，相对比较有把

握；而马术比赛中，由于熟悉马匹的时间很短，人马配合的结果很难预测，往往成为整个比赛结果的关键项目。

**2. 精彩赛事回顾**

我国在现代五项中具有很强的优势，属世界强队。2005年现代五项世界锦标赛中，来自中国上海的运动员钱震华获得冠军，成为中国乃至亚洲现代五项运动史上第一个世界冠军。

在2020年东京奥运会的现代五项比赛中，还发生了一起争议事件。

德国现代五项运动员安妮卡·施勒(Annika Schleu)原本在击剑和游泳两项比赛中一路领先,但在马术比赛中抽到的马匹不太配合,拒绝越过障碍物。焦急的运动员连同她的教练基姆·莱丝纳(Kim Raisner)为了让马重新跑起来,连连击打这匹马,引发很大争议。最终,该选手直接被判弃权,国际现代五项联盟也取消了其教练在当届奥运会上的教练资格。

考虑到马匹的安全与健康等问题,2023年11月13日,国际现代五项联盟确认,脱胎于运动闯关真人秀《美国忍者勇士》(节目制作由日本《极限体能王》授权)的障碍赛将取代传统马术项目,成为2028年洛杉矶奥运会现代五项比赛中的一项。从2025年开始,国际现代五项联盟的所有比赛包括世锦赛都将用障碍赛取代马术。

## 二、非奥运竞技马术项目

### (一)马术耐力赛

现代马术耐力赛大约开始于1955年,当时美国骑手温德尔·罗比(Wendell Robie)在美国组织了首届特维斯杯160km骑马耐力赛,这项运动很快传播到英国,在20世纪60年代举办了首届金蹄铁80km耐力赛。自此以后,这项运动在许多国家不同组织的指导下繁荣昌盛起来。

这项全球化运动的箴言是"完成即是赢",对每一位骑手来说最重要的是坚持与自己的马一起完成这项运动。耐力赛的重点是在不同赛道、不同天气、不同地形中考验参赛人马组合,不仅考验马匹耐力,也考验骑手安全掌握马匹运动能力及其适应比赛的能力。

**1. 赛事分级**

马术耐力赛分为国际马联认

可的国际马术耐力赛事(CEI)和由本地马术协会举办的马术耐力赛事(CEN)。

CEI与CEN耐力赛有一星级至三星级的统一划分。一星级为单日赛程100～119km；二星级为单日赛程120～139km，或两日赛程每天70～89km；三星级为单日赛程140～160km，或两日赛程每天90～100km，或三日及以上赛程每天70～80km。

**2. 世界十大耐力赛**

**蒙古德比** 蒙古德比被誉为世界上最具挑战性的耐力赛，首办于2009年，全程1000km，每次比赛约有骑手40名，所骑马匹均是蒙古本地的半野马，每40km换马一次，骑完全程则每人共需25匹马。选马原则是先到先选，全靠目测。整场比赛一共14天的历险，包括7～10天的比赛时间、新闻发布会、3天的赛前训练，以及欢迎和庆祝派对。赛事全程有国际兽医团队、本地的牧民和专业的后援团队提供支援，参赛选手随身配有GPS追踪器能定位其具体位置。

**美国特维斯杯** 位于美国加利福尼亚州的特维斯杯始于1955年，全程160km，是现代耐力赛的始祖，每年8月举行。因为特维斯杯的难度非常大，所以成为世界各地耐力赛骑手心目中必须征服的目标之一。参赛者需要在24h内完赛，粗略估计一共有5200m的上山爬坡和约6700m的下坡，还会经过摇摇晃晃的吊桥，需要克服巨大温差、险要地势等挑战。

**南非火箭马耐力赛** 这是最狂野的耐力赛，全程370km，整个赛程为期9天，包括2天的赛前训练和4天的正式比赛。其特色是骑手将骑着马（或牵着马）穿越不同的山、海和河流。如果遇到涨潮，最长的游泳距离可达50m。骑手将根据自己的卫星定位仪器找到最快到达目的地的路线。比赛所使用的马匹都是阿拉伯马和当地马匹的杂交马，骑手必须自己携带睡袋、装备和所需衣物，食物和休息帐篷则会在每天到达营地后由主办方提供。参赛骑手必须有良好的体能和冒险精神，还需要有和马一起游泳的技能。

**英国温莎城堡耐力赛** 虽然二星级（全程120km）和一星级（全程80km）的温莎城堡耐力赛没有前几个耐力赛那么刺激,但如果要挑选英国最有代表性的耐力赛道,那它当之无愧。温莎城堡耐力赛从1943年开始举办,活动的初衷是为战争筹款,时至今日已经演变成英国最重要的马术活动之一。由于英国女王对马的热爱,每一场比赛她都会去看,从不缺席。耐力赛道会经过美丽的温莎城堡和皇家公园,骑手可以在骑行过程中观赏充满历史感的建筑,感受英国皇室的威严气派。

**澳大利亚汤姆·奎提黄金杯** 汤姆·奎提黄金杯是澳大利亚顶级的赛事,全程160km,非常具有挑战性。澳大利亚的耐力骑手都以能赢得这个比赛为目标。始于1966年的黄金杯由著名皮革品牌创始人R. M.威廉姆斯（R. M. Williams）创办,以其密友汤姆·奎提（Tom Quilty）命名。当时威廉姆斯受到美国特维斯杯的启发,立志回到家乡澳大利亚昆士兰举办一场属于澳大利亚的超级耐力赛。汤姆·奎提黄金杯每一年都在不同的州举办,至今已是第五十五届了,比赛的多样性吸引了世界各地的骑手,特别是澳大利亚当地的骑手。

**法国枫丹白露、蒙帕济耶和蒙屈克赛道耐力赛** 身为耐力赛大国的法国在赛季的时候几乎每个星期都有大大小小的耐力赛,其中最具代表性的赛道莫过于枫丹白露、蒙帕济耶和蒙屈克。

枫丹白露的赛道非常具有挑战性,其亦是举办三项赛和场地障碍的世界著名场地。骑手会经过美丽的树林,比赛前后还可以去附近的枫丹白露宫参观一下,那是法国最大的宫殿。

在蒙帕济耶举行的耐力赛通常在8月进行,那里曾被誉为世界上最美丽的村庄。蒙帕济耶耐力赛始于1977年,其路线设计的精巧之处在于骑手跑到山顶的时候刚好能够看到日出。该赛事的难点在于赛道非常难跑,满地都是石头,而且160km的比赛分两天进行,对马匹的要求更是提高了不少。

蒙屈克耐力赛每年10月举行,是一场200km的国际马术耐力赛,有很多女骑手参加,往往是全家一同参赛,由家庭成员组成骑手和补给团队。

**纳米比亚鲸湾港锦标赛** 鲸湾港全年都有成千上万的鸟,其中最著名的是火烈鸟。被鲸湾港围绕的纳米布沙漠是最古老的沙漠之一。赛事分CEI全程80km和CEN全程120km 2种赛程。在比赛中骑手和马一同翻越全世界最高的沙丘,历经寒冷与炎热,还要抵受沙漠的风沙。

**沙特阿拉伯埃尔奥拉马术耐力赛** 2020年2月在沙特阿拉伯举办了第二届CEI二星级马术耐力赛,全程120km,总奖金高达400万美金,吸引了超过200位来自17个国家的骑手和他们的马匹,其中最受瞩目的是迪拜王子谢赫·哈曼丹(Sheikh Hamdan),迪拜酋长谢赫·穆罕默德(Sheikh Mohammed)亦亲临观看比赛。不负众望,哈曼丹王子与他的10岁阿拉伯母马以平均时速26.47km/h胜出赛事。这届比赛是沙特第一次欢迎女性骑手同场竞技。比赛路线经过沙漠中雄伟的峡谷,甚有浓厚的阿拉伯风格。

**南美洲巴塔哥尼亚高乔德比** 该赛事全程500km。高乔人生活在南美洲,与大多数游牧部族一样有着桀骜不驯的性格。与一般耐力赛不一样的是,高乔德比的参赛者在某些指定的路段还需要照顾另外负责背负重物的马匹,以一人两马的形式前行。

**南美洲行军耐力赛** 该赛事为期15天,全程750km。第一届行军耐力赛始办于1951年的乌拉圭,由3位育马者共同举办,此后每年由阿根廷、乌拉圭、巴西、巴拉圭轮流举办。该赛事参赛的马匹均是本地的克里奥尔马,克里奥尔马已经有400年历史,是南美洲的本土马,拥有非凡的耐力,通常被当地人用作工作马。

### (二) 马车赛

马车赛的起源可以追溯到2000多年前的古希腊时期,将马拉战车的作战方式转化为一种蓬勃发展的竞技体育运动。

在现代,一个马车赛团队由4匹马和3名运动员组成,运动员包括一位后控手,负责操控马车的后部;一位导航手,负责指示方向;一位驭手,

负责驾驭4匹马来控制马车的方向。

马车赛作为国际马联的正式比赛项目,全面展现了运动员与马匹的身体素质、耐力和适应力等,其项目与马术三项赛有些相似,分别为马车盛装舞步赛、马车马拉松赛和马车障碍赛。3个项目完成后,所获罚分最少的参赛者将登上马车赛世界冠军宝座。

**1. 马车盛装舞步赛**

马车盛装舞步赛要求马车驾驶团队在赛场内展示马匹运动的姿态和规范的步伐,每队人马组合要依照记忆完成一套预先设定的规范动作,评判标准包含速度、步态转换、衔接、圈乘以及停止等,每个动作都必须看起来优雅自如,最后由裁判组打分,得分高的参赛者会以领先优势进入下一日的比赛。

**2. 马车马拉松赛**

马车马拉松赛是为了测试马匹的耐力和适应能力,以及驾驶团队在高速通过障碍时的驾驭技巧和对步伐的判断能力,类似于三项赛中的越野障碍赛,要求参赛者以最短时间跑完一个模拟自然状况的越野线路,环境包含陡坡、桥梁、急转弯、水塘、人造迷宫等。

**3. 马车障碍赛**

马车障碍赛的目的是测试4匹马的适应能力、配合能力和反应力,以及参赛者在控制马车穿过锥形路障时的技巧。比赛中,参赛者必须驾驶他们的马车穿梭于密集的障碍之间,在每个锥形路障上都放着一个小球,即使是最轻微的碰撞也有可能使其掉落,如果小球掉落,就会进行罚分并影响最终成绩。

### （三）马背体操赛

在斯堪的那维亚，许多石器和壁画上的绘画生动描绘了古代站在马背上手握缰绳的骑手形象，那或许是马背体操的起源；还有些人认为这项运动起源于古克里特岛的牛背舞者。人们在约2000年以前就在马背上表演各种像舞蹈一样的杂技动作，在古希腊的古代奥运会中，马背体操也是比赛项目之一；在古罗马的许多比赛中也曾经有过马背体操。

中世纪，马背体操是骑士和贵族必学的课程之一。巴洛克时期，这种运动更多地被认为是表现个人财富和高雅品位的方式，其名称来自于那一时期的法语 La voltige à cheval——马背上的跳马，是当时各个骑兵部队高等军校毕业的学生学习高级马术的基础，他们在各种马背体操训练中常用所谓的"木马"。如今，马背体操运动员用一个"体操桶"来训练马背上的表演动作。在1920年的安特卫普奥运会上，骑兵官员们将马背体操作为"艺术骑乘"项目第一次进行比赛，当时的前三名分别来自比利时、法国和瑞典。

现代马背体操是通过二战后德国鼓励儿童参加马术运动而发展起来的,在20世纪60年代马背体操渐渐流传到了其邻国和美国。自1983年起,马背体操成为国际马联认可的马术比赛项目之一。

### 1. 马背体操赛的类别

马背体操运动员要通过各种各样的练习,在马背上做出舞蹈和体操的动作。马背体操比赛通常会有如下划分。

**小组赛**  6位马背体操运动员在一匹正在跑步中的马匹身上表演动作,裁判进行评分。要求每次身处马背上的运动员不得超过3位,一般情况下,体重最轻的运动员会在最上边,最强壮的在最下边。

**单人赛**  由一名马背体操运动员、一名驯马师和一匹马完成表演。

**双人赛**  由2位马背体操运动员在马背上完成,为了令裁判耳目一新,2位运动员必须达到完美的配合,方能赢得高分。

**音乐自由演绎比赛**  这是最有创造性的比赛,要留在最后进行,由马背体操运动员表演事先编排好的音乐自由演绎动作。

### 2. 马背体操赛的规则

马背体操是一项极具表演性的运动,号称有"三大杀手锏"——高难度的动作、华丽的编排和出色的马儿。运动员要在一匹正在做圈乘运动(指骑手驭马做圆周运动)的马背上完成各种体操动作和造型,这就需要运动员具有出色的身体条件以及人与马之间的和谐关系,还有一流的团队协作。

马背体操比赛的内容主要有两个方面。一是规定动作,每个比赛都有一些规定动作,所有运动员都必须做,考查的是运动员在做圈乘运动的马背上对基本技巧的掌握程度;二是自选动作,它考查的是运动员在移动的马背上完成高难度动作技巧的能力。一般来说,自选动作难度越大,完成越好,运动员得到的分数就会越高。

在一些大型赛事中,马背体操项目还有国家队赛,每个参赛国家或地区派出2位单人赛运动员和一组小组赛运动员参加音乐自由演绎比赛。

在这个比赛中,每个马背体操运动员都要完成两项比赛。在第一项规定赛中,选手必须完成一套固定动作,这与盛装舞步中的大奖赛相似;另一项为技巧赛,裁判会根据选手的跳跃力、用时、柔韧度、平衡以及力量进行打分。

同时,马背体操对马匹也有着严格要求。

(1) 马匹的步伐要非常平稳。

(2) 马匹的性情要沉稳。在比赛中,周围会有很多观众,一旦马匹因为观众鼓掌、尖叫而受惊,改变它的运动速度,马背上的运动员就会受到很大的影响。

(3) 马匹的持久力要好。在马背体操比赛中,马匹必须不停地做圈乘运动。如果马的体力不好,它的速度和节奏就会发生变化,从而影响到运动员的动作展示和最终得分。

### (四) 马球赛

马球是历史上最古老的运动项目之一,与马球类似的游戏项目深受各国王室成员的喜爱。据考证,马球运动发源于我国西藏。隋唐时期,马球运动已经盛行于世,被定义为"国俗"。马球在中国古代叫"击鞠",曹植《名都篇》中就有"连翩击鞠壤,巧捷惟万端"的诗句,描写当时贵族子弟打马球的情形。马球不仅是帝王、贵族阶层强身健体的体育运动,也是骑兵军队的训练项目之一,而且在对外文化交流中,马球也发挥了重要作用。

现代马球运动的玩法、规则经历了很多变革,但都是基于其原有规则的基础上进行适应各地环境、气候及民俗爱好的改变。

马球曾经是奥运会大家族中的一员,在1900年法国巴黎举行的第二届奥运会上,马球成为正式比赛项目,这也是马术项目第一次亮相奥运会。只可惜,在亮相五届奥运会后不久,第二次世界大战爆发,严重摧毁了世界经济。马球比赛因为场地要求条件较高,耗费财力较大而被取消。现在马球比赛由国际马球联合会统一管理,每年组织多次专项比赛。

**1. 马球赛的规则**

马球是由2支球队组成的团体竞赛活动,球员骑在各自的马上挥动马球杆击球,以尽可能多地攻球入对方球门为取胜关键,和足球、曲棍球、冰球都有些相似之处,但自有其独特的魅力。

每队4名球员根据号码不同,而负责不同区域——1号为前锋,2号和3号为中锋,4号为后卫,场上没有守门员。如果比赛过程中没有选手受伤,则不允许替换球员。场上共有3名裁判,2名边裁位于球场两边,1名主裁位于球场中间。

马球赛场长274m,宽146m(相当于6个标准足球场大小),两边各有一扇球门。马球比赛可以分为4、6或8小节,除了有受伤、犯规或不安全情况发生,每节时间不得超过7min。

马球规则里特别规定了选手"必须穿白色的裤子来体现马球的高度声望"。除此之外,关于马球手穿白色裤子的要求,还有两种说法。一种观点认为马的色觉能力较弱,而白色对于马来说非常明显,白色裤子能让马时刻知道球员的动向;另一种解释出于对球员之间的尊敬和对观众的礼貌,不管选手在前一天比赛是否经历了在雨中的泥泞不堪,参加第2天比赛时都要换上干净的白色裤子,给对手与观众留下好的印象。

### 2. "世界马球之都"——阿根廷

阿根廷有相当多的马球运动员,还有上千名马工专门负责照顾马球马,而且在阿根廷打马球的费用相较其他国家所需费用要少得多,但是赛事规格和标准却又比其他国家设置得高。

阿根廷还有适宜马球发展的地理条件。它拥有广阔、平坦的草原,十分有利于发展马球运动,这些草原也非常适合饲养和训练马匹,如知名的潘帕草原等。

目前,阿根廷拥有世界一流水平的马球队。世界上排名前十的马球运动员中,有多位是阿根廷人。马球运动是一项相对复杂的项目,球手需要在击球的同时,控制好马匹,既要求速度,又要求精确度,因此有一定难度。在阿根廷,有很多进行马球训练和培训的地方。那里的许多农场都有职业的马球运动员,他们会在农场培训马球新手,教会他们打马球。

### (五)速度赛马

速度赛马运动是一项要求骑手驾驭马匹运用正确的技术以最快速度完成规定赛程的竞技运动项目,也有着悠久的历史。

速度赛马的比赛场地是椭圆形马场。该项目按距离可分为900m、2000m、3200m以及5000m赛事,并分设个人与团体赛,团体赛是以各成员个人名次的总和计算总分。

在速度赛马中,马匹品种没有特殊规定,但必须是健康且年满4岁接受过训练的马匹。比赛期间选手不可以用利器等伤害马匹,或向马匹提供违禁兴奋剂以提升马匹速度。若马匹有任何疾病异常或管理不当(如号码错误等),则会被取消资格。

另外,速度赛马有某些类似田径

比赛的规则,如在检录时,3次召集后运动员与马匹仍未出场,则取消资格;马匹首次抢跑会被警告,第二次抢跑便会被取消资格;起跑最初200m内,各马必须沿着自己的跑道前进,不得进入其他跑道内影响其他马匹,否则以犯规论。

在赛事途中,运动员不可阻止其他马匹前进,扬鞭策马时不得骚扰其他马匹,不得与其他人对话;在最后200m的距离中,领先的运动员不得向跑道外圈骑乘,以免妨碍其他运动员的冲刺。当马匹头部的任何部位通过终点线垂直面,就算跑完全程。若两匹马同时到终点,则可以根据终点照相或裁判长目测作出定论。

## 三、民间马术活动

### (一)叼羊比赛

这项活动起源于6世纪突厥汗国时期,主要在哈萨克族、柯尔克孜族、维吾尔族等民族中比较流行,是一种传统的民族马上运动。比赛所抢夺的羊都是养殖食用的健壮山羊,宰杀后经过加工处理,不易被扯烂。

叼羊的形式是很多的,但最主要的有这样三种。第一种是两人叼,各抓住羊的一端,拼命争夺,谁夺到羊,谁就为胜。二是分组叼,以一个部落为一组,部落与部落之间进行争夺,获胜者为部落的光荣。三是集体叼,一只羊被放在场地中央,各路骑手中能叼到羊不被别人抢去,并把它扔到某一家毡房的,就是胜利者。

叼羊比赛一般在秋天举行,那时羊肥马壮,人们欢庆丰收。在集体赛中,胜负的决战风起云涌。只要一队拿到羊,其余几十名骑手就会穷追不舍,奋力堵截,合力拼抢。每一队都有冲群叼夺、掩护驮道和追赶阻挡等分工,一人如果抢先夺得羊,本方队员就要想方设法掩护,不让对手夺走。它既需要个人娴熟的技巧,也需要团队严密的配合。草原叼羊,胜负难料,骑手们像汹涌的潮水一样,一会儿涌向这里,一会儿卷向他处。一场叼羊比赛,有时要持续几个小时,紧张、刺激的精彩场面更迭变幻,使观众眼花缭乱,乐而忘返。

### (二)马上骑射

马上骑射是哈萨克族、蒙古族、鄂伦春族、鄂温克族等民族的传统体育项目之一,具有悠久的历史。

马上骑射,最早用于古代冷兵器时代的狩猎和作战,其机动性强,打击距离远,具有巨大威力。

我国早在战国时期就记载有胡服骑射的传统,后世更是留有不少生动、精彩的描绘诗句,如三国曹植《白马篇》中有"控弦破左的,右发摧月支。仰手接飞猱,俯身散马蹄。"唐朝杜甫《前出塞》中有"挽弓当挽强,用箭当用长。射人先射马,擒贼先擒王。"

作为现代马术项目,马上骑射分为定位射和跑马射。定位射是坐骑站定后,骑手向目标射出箭支;跑马射箭是骑手在纵马飞奔的行进过程中向目标发出箭支。1995年,跑马射箭在第五届全国少数民族传统体育运动会上被列为正式比赛项目。

### (三)绕桶赛

马术绕桶运动起源于美国西部乡村,起初是牛仔们农闲时的一种游戏。随着参与人数不断增加，人们渐渐发现绕桶极具趣味性和竞争性，于是这种游戏就发展成为一种赛事。

参赛选手必须在规定场地里，以最快的速度绕行如"三叶草"图案般排列的三个汽油桶。骑手急转小弯，控制马身倾斜绕桶，其间马匹内侧后肢必须保持平衡，同时马匹需要在绕过第三个桶后全速奔回，并记录其精确到0.01s的比赛用时。比赛过程中骑手触碰到桶是允许的，如果碰翻桶则要罚时5s，这对于一场最短只需耗时12.65s的比赛而言是灾难性的打击。此外，如果骑手和马匹未按规定路线绕行，将被取消参赛资格。

绕桶赛要求马匹要快速灵活，骑手要有娴熟的骑术，比赛多用擅长短距离冲刺的美国夸特马。

### （四）蒙古那达慕大会上的赛马

那达慕，在蒙古语中是"娱乐"或"游戏"的意思。那达慕大会是我国内蒙古、甘肃、青海、新疆常居的蒙古族人民一年一度的传统节日，在每年农历六月初四开始举行，以庆祝这一水草丰茂、牲畜肥壮的黄金季节。

那达慕大会上的赛马活动分为奔马赛和走马赛。奔马赛，也称速度赛马，是长距离的速度比赛，赛奔马的赛程一般在20～50km。走马赛为技巧性很强的竞赛,是比试参赛马匹走侧步的平稳性和速度。参赛的走马要备上精美的鞍辔,打扮得漂漂亮亮;它们必须经过严格的训练,使步伐分左右两侧前后蹄同时迈出,动作干练而稳健,姿势和谐而优美。

# 第四章
## 与马儿共渡难关

# 第一节 马匹症状解析

在和马儿的相处中,我们要做一个细心的饲养员,定期测量它们的体温、呼吸、脉搏,观察其黏膜及整体状态有无异常,确保我们的爱马有问题时能够第一时间发现和处理。

## 一、常见消化系统症状

### (一)马腹痛

大家经常说到的肚子疼,即腹痛,泛指腹腔和盆腔各组织器官感受疼痛性刺激而引发的综合征。有超过70种不同原因和疾病都可能导致马腹痛。一旦发生急性严重的腹部病症,常会在短时间内发生急性死亡,是马儿的"第一杀手"。

腹痛分真性、假性,其中真性腹痛是由胃肠疾病导致的。一是急性胃扩张,是由胃急剧膨胀引起的中度或重度腹痛。病马常出现采食后短时间内发生腹痛,腹围不大而呼吸急促,口腔黏滑、酸臭,可闻及食管逆蠕动音。二是肠痉挛,是由于肠平滑肌受刺激发生痉挛性收缩的腹痛。病马腹痛呈间歇发作,可出现肠蠕动音增强,排稀软便,口腔湿润,耳鼻发凉,其体温、脉搏、呼吸变化不大。三是肠臌气,是由肠管

过度膨胀引起的腹痛,俗称"肚胀"或"气结"。病马腹痛剧烈,腹围增大,结膜潮红,呼吸困难。四是肠变位,是指肠管自然位置改变,导致肠管血液循环障碍,可引起重度腹痛。病马出现肠蠕动音减弱或消失,排粪停止,腹腔穿刺呈血水样。

马也会发生假性腹痛,多是胃肠以外的其他组织器官病变引起的腹痛,如肾炎、膀胱炎、尿道结石、子宫疾病、腹膜炎等。此外,腹痛还可出现在马感染某些传染病、寄生虫病时,如肠型炭疽、巴氏杆菌病、马圆线虫病、蛔虫病等。

马儿腹痛的原因很多,可观察到的全身性症状表现也不同,常见有食欲减退,沮丧和迟钝,用脚刨地,踢自己的肚子,出汗,试图不停走动,躺下又站起,经常做出排尿姿势,打滚等。

一旦马儿发生腹痛,立即打电话给兽医是非常重要的。不要试图等它好一些再去处理。检查所有的生命体征,如果马打滚,那么需要牵着马走动,直至兽医的到来;如果马不打滚,那么就让它休息。

为了预防马儿出现腹痛症状,我们要注意在日常饲养中,提供优质草料、干净和新鲜的饮水,增加日粮中青草比例,让马儿少食多餐;给它们多些放牧时间,促进肠道蠕动,并保持一致的运动量;定期检查马儿的牙齿,每天观察其行为;制订定期驱虫计划并严格执行。

### (二)马腹泻

腹泻是马匹养殖运输中常见的情况,如果及时对症地采取措施,还是很有希望康复的。下面我们来了解一下哪些情况会导致马腹泻。

胃肠炎是引起马儿腹泻的主要原因,是由胃肠黏膜表层或胃肠深层组织如胃、小肠以及大肠内膜发炎导致的疾病。引发胃肠炎的因素很多,如马匹淋雨,马厩潮湿阴暗,饲喂习惯突然改变,水和饲料品质不佳,以及抗生素服用不当引起肠道菌群失调等。由于致病因素的刺激,胃肠道黏膜组织发生充血、出血、渗出、化脓、坏死等异常情况,影响食物的消化和吸收,而胃肠道内容物异常分解的产物进一步刺激损伤胃肠黏膜,肠蠕动过快,引起腹泻;同时,过快的肠蠕动使水分在大肠段的重吸收作用降低,造成腹泻使大量消化液丢失,导致病马脱水并出现电解质和酸碱平衡紊乱。患胃肠炎的病马,通常精神萎靡,饮食欲减退,口臭;排出稀粥样或水样粪便,气味腥臭,混有未消化的饲料,还可能带

有黏液、血液或脓液。发病初期病马常体温升高,心率、呼吸增快,眼结膜暗红或发绀。如果腹泻持续或恶化,病马体温可能降低,伴有出冷汗,脉搏微弱,甚至不感于手,触摸体表的血管感觉萎陷。

预防胃肠炎,应该从马儿的饲养管理入手,严格把控饲料的品质,避免饲料中混有刺激、腐蚀的化学物质;当气候变化时,注意维持马厩的温度和垫料干燥,减少环境刺激因素;增强马匹体质和抵抗力。

真菌中毒也是马儿腹泻的可能原因。常见的产毒真菌有小麦网腥黑粉菌、稻绿核菌、镰刀菌、毛霉菌属霉菌等。马匹食用被产毒真菌污染的饲料后,代谢产物真菌毒素会引起胃肠黏膜及其深层组织的炎症。病马通常会突然发病,反应迟钝,饮食欲减退,口臭,黏膜潮红、黄染或发绀;体温大多正常,少数可轻度升高;脉率增加,呼吸急促。

预防真菌中毒的重点是做好饲料的贮存,在梅雨季节和秋收后饲喂储存饲草时应尤其注意检查饲料是否受潮和霉变。

除上述外,传染病也是导致马儿腹泻的重要因素,常见的病原体包括细菌(大肠埃希菌、沙门菌、放线杆菌、魏氏梭菌等)、病毒(轮状病毒等)和寄生虫(线虫等)。相比单纯的内科疾病引起的腹泻,传染病腹泻通常会造成一定范围的流行,通过收集病马的粪便等生物材料进行病原学检测,可以较好地确定病原,尽早干预,防止流行范围的进一步扩大。

### (三) 里急后重

与牛、羊等反刍动物相比,马匹的消化周期长,采食高纤维量的食物常需较长时间消化,因此很容易出现里急后重的情况,也就是排便不畅。

根据肠道阻塞情况,里急后重分为两大类。第一类发生于马的肠道完全阻塞的情况。这时无法正常后送的消化道内容物会刺激肠平滑肌痉挛收缩,给马造成强烈的痛感;阻塞部位前段分泌的液体渗入胃肠道,加上疼痛出汗,还可能引起机体脱水。此外,还会伴随多种危险状况,如秘结粪块压迫肠道引起组织坏死;停滞的肠内容物腐败发酵产生有毒代谢物质,肠道革兰氏阴性菌和梭状芽孢杆菌过度增殖产生毒素,这些有害物质会被吸收进血液,严重时导致中毒,乃至休克。肠道完全阻塞的病马,常出现口舌干燥,有口臭,食欲废绝;若阻塞8~12h后会有明显的全身症状,可出现脉搏疾速,结膜发红,常继发胃扩张而呼吸困难。

第二类则发生于肠道不完全阻塞的情况。此时消化道中的气体、液体和部分食糜的向后输送不会完全停止,所以腹痛通常不剧烈,危险的并发症也极少见。但要注意,这时候可不能因为马的痛感不强而放任不管。如果秘结处长期受粪块压迫,仍可导致肠管的发炎、坏死和破裂。肠道不完全阻塞的病马,口腔不干或稍干,口臭味不明显,饮食欲减退,不至于完全不吃不喝;排出的粪便稀软,并带有恶臭,或停止排便;全身症状不明显,一般不继发胃扩张和肠臌气。病程缓长,最长可持续1个月。

如果我们不想看着马儿遭受里急后重的痛苦，就要采取预防措施。首要的做法是防止饲喂马的草料过于坚韧或干燥；同时给马匹留出充足的采食时间，防止马匹对草料咀嚼不全。

### （四）便血

马匹便血是怎么回事呢？便血有三类常见原因。

第一类是胃肠道炎症、异物导致胃肠道破裂。肠积沙是较常见的异物致便血的一种情况，肠积沙的产生原因有许多种：饲料内混有多量细沙，而饲喂前没有淘洗干净；在沙质较多的草场放牧，牧草上叶柄部附有多量沙子，而且沙地疏松，马儿食草时连根带沙拔起；在厚积细沙而水流湍急的浅滩、浅溪处给马儿放饮；微生物和矿物质不足导致其异嗜沙土等。

这些无法消化的沙石刺激胃肠道感受器，致使分泌活动与运动机能陷于紊乱，同时沙石颗粒反复摩擦肠壁引起出血，沙石堆积过多时还可能堵塞盲肠、左下大结肠及其胃状膨大部，严重时引起破裂穿孔。肠积沙的病马经常表现轻微的腹痛，四肢聚拢，拱腰弓背，或小心翼翼地择地而卧，或伸肢横躺而不愿起立；粪便颜色发暗，用手捻搓可感知坚硬颗粒；重症的病马伴随中度或重度腹痛，食欲废绝，肠蠕动音很难被闻及，脉搏和呼吸加快，结膜潮红或发绀。

第二类是消化道毛细血管通透性改变，常见于肠系膜动脉血栓形成或栓塞，多由于马普通圆线虫幼虫寄生，使肠系膜动脉形成血栓，其分支发生栓塞。6月龄至4岁的幼驹或青年马发病率要高于老龄马。圆线虫在马肠动脉系统内移行，造成血管内皮损伤，逐渐形成血栓，其中包有幼虫；当肠系膜动脉血栓严重至栓塞时，闭塞动脉所辖肠段缺血，肠平滑肌发生痉挛性收缩,之后可出现出血性浸润或出血性梗死。此外,胃肠道肿瘤、肠变位也会改变血管通透性,从而引起出血。

第三类是中毒性疾病。马儿采食苍耳、夹竹桃、蓖麻等有毒植物,或日粮中含未脱毒的菜籽饼等,都会损伤其胃肠道毛细血管,造成便血。

## 二、常见呼吸系统症状

### (一)喘息

在人们的印象中,专为奔跑而生的马儿很难和气喘吁吁的形象联系到一起。但是现实中,马儿也会发生喘息,这通常是呼吸困难的表现,在其呼吸道发生病变时引发。

一种典型的疾病是喉偏瘫或喉返神经损伤,各种品系的马均可发病,英国纯血马中尤为多发,3~7岁的马匹更容易发病。

马匹出现喉返神经损伤的原因是喉返神经末梢部分有髓神经纤维发生退行性变化,喉部内收肌和环杓后肌先后失去神经控制,发生神经性萎缩,导致杓状软骨和声带塌陷,声门裂缩小,吸气时气流阻抗增加。这是一个恶性循环,随着声带塌陷的加重,声门压力增加,使杓状软骨塌陷加剧,气道支撑力下降导致气流阻力进一步增加。当病马快速奔跑时,情况更加恶化,神经受损害的部分可能完全塌陷,甚至呼吸困难。这种疾病的典型症状是喘鸣音,当我们听到马儿发出这种声音时,要提高警惕了,及时去专业的兽医那里进行检查。

喉偏瘫的病因目前还不完全清楚,可能是遗传因素致病。预防马匹患病应从繁育入手,有喘鸣症的病畜不能作为种畜繁殖,饲养者也不要购买患有喘鸣症的马匹。

## （二）流鼻涕、打喷嚏

马匹突然流鼻涕、打喷嚏,这是怎么回事?

一种情况是普通感冒,是马遭受风寒或风热而引起的疾病,以急性鼻炎或上呼吸道卡他性症状为主。马儿感冒主要是由于环境因素的刺激,如天气突然降温而没有及时采取保暖措施,或雨淋、出汗后风吹等。马匹居住饲养中的不良因素如圈舍潮湿、通风不良、劳役过度、营养物质缺乏等也会引起马的抗病力减弱,而诱发感冒。上述因素导致上呼吸道黏膜的防御功能降低,无法抵御呼吸道寄生菌繁殖或外界病原微生物入侵而引起上呼吸道急性感染。马匹感冒时,会出现精神沉郁,食欲降低,体温升高,咳嗽,流浆液性或

黏液性鼻涕,打喷嚏,结膜发红,流泪,呼吸、脉搏加快。如果是受寒,通常马儿会体温轻微升高,畏寒发抖,无汗;如果是感受风热,通常看到马儿发热重,耳鼻温度均比平时高。对于马儿患普通感冒,应当及时为其解热镇痛,祛风散寒,防止继发感染,通常马儿可以痊愈。

另一种情况则要引起警惕,就是马流行性感冒。这是由马A型流感病毒引起的一种人、禽、畜共患性急性呼吸道传染病。如果是这种情况,通常会暴发性流行,一个马场的马会短时间内集体中招。典型表现是先发热,体温上升到39.5℃并维持2~5d,再出现咳嗽,流鼻涕。

对于马流行性感冒重点在于预防,对马场新到的马应严格进行3周的隔离观察,定期给马匹注射疫苗,保持马厩的卫生。工作人员接触不同的马时要洗手,并为每一匹马配备固定的工具。

## （三）咳嗽

马儿偶尔出现一两下咳嗽是正常的,然而,如果我们发现马儿在厩舍

中或奔跑时不断出现咳嗽,那就要引起注意了。这时候通常需要检查马是否患有呼吸系统疾病。

气管炎症是引起咳嗽的主要原因,多由各种病原体或环境刺激产生。马儿抵抗力低下时,外界病原微生物容易使其感染患病,呼吸道寄生菌(如肺炎链球菌、巴氏杆菌、葡萄球菌、真菌孢子等)会趁机"兴风作浪"。此外,马腺疫等传染病也会继发支气管炎。环境因素刺激的头号危险物就是粉尘。马厩中的真菌、植物碎屑会产生有机粉尘,沙尘铁、二氧化硅则是无机粉尘的源头,在少雨、低温的季节,空气中这些悬浮微粒的浓度达到高峰。刺激性气体的作用也不可忽视,例如氨气会刺激马的呼吸道,导致支气管痉挛和炎症;二氧化硫、氯气、烟雾等也会损害支气管黏膜。

在各种致病因素的作用下,呼吸道防御功能降低,呼吸道寄生菌大量繁殖,引起黏膜充血、肿胀,上皮细胞脱落,黏液分泌增加,炎性细胞刺激感觉神经末梢,从而出现反射性咳嗽。如果病因没有及时去除,或者马儿体质较弱,迟迟未痊愈,急性炎症也可以转为慢性。在病因的反复刺激下,呼吸道黏膜会发生变性、坏死、增生的情况;炎症向周围扩散,还可能影响呼吸道平滑肌的结构与功能。患慢性支气管炎症的马匹常出现持续性咳嗽,一般在运动、进食、夜间或早晚气温较低时咳嗽会加重。

如果马匹下呼吸道炎症继续蔓延,引起细支气管和肺泡充血、肿胀,大量炎性渗出物聚积在细支气管和肺泡内,将引起支气管肺炎。病马开始会出现干咳,随病情发展会伴随有疼痛症状,并出现食欲减退或缺乏,精神萎靡,体温升高,黏膜潮红或发绀等全身症状。

预防马咳嗽除了要提高马匹免疫力外,还要加强马匹生活环境的空气质量控制。在饲喂时注意不要粗暴地将干草直接扔进马厩,可以将干草弄湿后放入料槽饲喂;不要将牵引机或其他车辆留在马厩中使用;马厩的清洁务必选在马外出放风时进行,这些措施都可以有效降低粉尘浓度。同时,及时打扫马厩,清理粪便,有效减少刺激性气体的产生。

## 三、常见全身性症状

### (一)皮肤过敏

马儿也有皮肤病?不仅有,而且病因复杂,种类繁多。皮肤病看似不伤筋动骨,却会引发无法忍受的瘙痒,影响马儿生活质量和运动功能。下面让我们来了解有哪些疾病会引起马儿皮肤过敏吧。

接触性超敏反应,又称过敏性接触性皮炎,其过敏原多种多样,包括杂草、柳絮、尘螨、真菌、羽毛等;也可能是马日常护理的用品,如沐浴露、蹄油、杀虫剂、马鞍和肚带等。马匹对该过敏原可能接触数年没有异常,却在某次接触时突然发生皮肤过敏,症状包括皮肤出现水疱或迅速破裂的丘疹,伴有瘙痒、结痂并脱毛,过敏时间长的还会出现苔藓样病变。

光过敏虽然相对少见,但其严重性不可小觑。马发生光过敏通常在接触强烈日光后几小时,皮肤发生红疹、水肿、渗出,严重可出现坏死,且病变通常发生在皮肤毛发稀疏、颜色浅的区域。如果不及时干预,马会因为瘙痒而抓、踢不适部位,造成皮肤破溃和继发感染;光过敏严重的马还会出现广泛性皮肤坏死和脱落,还容易引起溶血、脓毒性皮炎。

在各种皮肤过敏的症状中,最常见的是荨麻疹,可发生于蚊虫叮咬后。其形成原理是由过敏原引发肥大细胞释放多种生物活性物质,造成血管通透性增加,毛细血管扩张,引起真皮内水肿。从外观看,荨麻疹造成的损伤可表现为突起,皮肤反复性损伤。

皮肤过敏虽然可恶,但我们可以通过预防措施来降低发病风险。一方面是严把干草关,从信誉好的商家购买优质干草;另一方面是不在库蠓、蚊虫多的地方过度放牧,马厩饲养的马匹做好防蝇灭蚊和驱虫,保持卫生清洁,减少粉尘。

## (二)贫血

如果发现马儿出现眼结膜、齿龈苍白,血压低,心率升高,呼吸急促,情绪低落,食欲减退,运动时很虚弱,对放风也失去兴趣……很可能就是马儿贫血了。贫血是由血液中血红蛋白浓度降低引起的疾病,当马体内红细胞数量减少时,贫血就会发生。

马贫血是常见的疾病,病因很多。马的贫血常见有三种类型:失血性、溶血性和非再生性贫血。其中,失血性和溶血性被认为是"再生性贫血",意味着身体将尝试再生以替换缺乏的红细胞,"非再生性贫血"则意味着身体无法重新产生红细胞。

失血性贫血是最常见的病因,马匹运动时发生外伤导致血管破裂,体外寄生虫、胃肠道寄生虫吸血,这些因素使得马的红细胞大量丢失,超出了骨髓代偿能力,从而引起贫血。溶血性贫血通常是由免疫介导对红细

胞的破坏导致红细胞凝集和溶解。非再生性贫血是由于病马的骨髓造血功能减弱，无法产生足够的新红细胞代替老旧的红细胞，导致血红蛋白水平降低。此外，马传染性贫血病毒感染也会造成贫血，该病毒会直接破坏巨噬细胞，释放多种炎症细胞因子，从而导致红细胞生成抑制。

不论何种原因，病马贫血初期的典型症状通常为可视黏膜苍白；倦怠无力，不耐运动和使役。随着病情持续，马匹逐渐消瘦；有的马会出现四肢和胸腹下水肿；呼吸、脉搏加速，严重时稍微运动就会呼吸困难，甚至昏倒。如果是马传染性贫血，病马还会出现多种形式的发热，如高热稽留、间歇热或不规则热。

预防贫血要保证马匹吃得好、吃得安全，并通过日粮帮助摄入马儿造血所需的铁、铜、维生素 $B_6$、维生素 $B_{12}$、钴。马贫血的治疗取决于疾病原因。对于创伤性或受伤的急性失血，应对受伤部位及时进行绷带包扎和止血，必要时需要输血和静脉补液；由中毒引起者需要停用该毒性物质并进行支持性护理；对于患有马传染性贫血的马匹，则需要进行淘汰处理。

（三）咽气癖

听说过马儿的刻板行为吗？这是一种以固有模式重复而没有明显生物学功能的行为，马儿也不例外。如果问养马人，最让他们头疼的马儿的刻板行为是什么，他们大概率会说是咽气癖。

当咽气癖发作时，马儿要么用切齿咬住马厩的饲槽、马桩或缰绳等物体作为支撑，缩颈屈头，将空气吞入食管并发出"咕噜"声；要么干脆不借助任何物体，直接将空气吞咽进食管并发出"哼哼"声。更让人头疼的是，一匹马吞咽空气时，同厩的其他马匹也会互相模仿，甚至成瘾。目前主流观点认为基底神经节功能失调是造成这一刻板行为的主要原因，此外，马匹胃肠道酸度增加或感染，

也可能间接诱发咽气癖。

有人也许觉得马儿咽进去一些气体没什么大碍,空气又不是毒物,也不是沙石等坚硬的异物。其实不然。咽气癖会严重影响马的生理状态和竞技功能。发生咽气癖的马儿对于刺激非常敏感,容易受到惊吓。同时,咽气癖还可能会损伤马厩的设施以及马儿的切齿,切齿的咬合不正或退化会使得马儿无法正常咀嚼食物,久而久之会影响其消化功能。

应对咽气癖,预防是关键。咽气癖的预防就是给马儿找些事情打发时间,例如少量多次地饲喂干草,每天让马在牧场自由采食几次,给马置办一些玩具放在马厩中供它们玩耍,播放音乐分散马的注意力等。

### (四)共济失调

能想象到马儿共济失调是一种什么状态吗?用最简单通俗的话说就是它们运动时肢体不协调了。这是一种在马的肌力没有减退的情况下,随意运动平稳性变差,动作的速度、范围、力量以及持续时间异常的症状。

马儿可能出现步态蹒跚,一会向左转,一会又转向右侧,随后倒地抽搐,四肢强直;当其再次费力站起时,却出现呆立不动,舌头脱出的表现。马儿也可能表现为肌肉颤抖,头颈不停来回小幅度抖动,像"鸡啄米",走路呈"八"字形拖步,强行驱赶之则出现木马跳运动,并且对鞭打等刺激无明显反应。一般认为导致马匹共济失调有以下几种可能。

(1)营养缺乏。主要出现在缺乏维生素$B_1$时,马体内的糖代谢不能顺利进行,作为骨骼肌和神经系统主要能源的葡萄糖产生减少,糖代谢的中间产物丙酮酸、乳酸分解受阻而蓄积,引起骨骼肌紧张性减退,甚至萎缩,影响正常运动功能,对中枢神经系统产生毒害作用,使得马匹出现痉挛、抽搐、麻痹等神经症状。

（2）中毒。马一旦误食被灭鼠药磷化锌污染的草料,磷化锌会被胃酸分解产生磷化氢,可直接导致中枢神经系统功能紊乱,甚至麻痹,预后通常不良。

（3）脑部寄生虫病。典型的是马脑脊髓丝虫病。这种丝状线虫通常寄生在有蹄类动物（如牛）的腹腔,可通过吸血昆虫进行生物性传播。当带有丝状线虫幼虫的蚊子叮咬健康马后,丝状线虫便会寄生在马脑脊髓腔隙内,引起坏死性脑脊髓炎。

共济失调的病灶常在中枢神经系统,很难完全治愈,因此做好预防就显得尤为重要。饲养时要密切注意马匹饮食的干净卫生,避免接触其他有毒农药。增强马匹体质,对瘦弱马增膘复壮。在寄生虫流行地区要注意消灭蚊子孳生地,铲除马场周围杂草,填平水坑,及时清扫冲刷马厩,保证马儿生活环境的整洁。

## 第二节　马的重要疾病

### 一、病毒病

#### （一）非洲马瘟

非洲马瘟是由非洲马瘟病毒引起的马属动物的一种急性或亚急性虫媒传染病,幼龄马的易感性较高。该病可引起马属动物发热与皮下水肿,并可出现病毒血症,马和骡的病死率可高达50%～95%,驴和斑马感染非洲马瘟后不表现临床症状,但可能长期处于病毒携带状态。

**1. 传播途径**

非洲马瘟病主要通过库蠓、伊蚊、厩螫蝇等吸血昆虫叮咬传播,一般不通过直接或间接接触感染健康马。该病具有明显的季节性和地域性,主要发生在夏末和秋季的温热潮湿地区,呈地方性流行或暴发。

### 2. 临床症状

根据临床症状,非洲马瘟一般分为肺型、心型、肺心型和发热型。

肺型呈急性经过,潜伏期3~5d,多见于流行初期或新发病地区,典型特征为严重的呼吸困难及渐进性呼吸道症状。病马感染初期仅表现为急性发热症状,然后出现不同程度的呼吸困难,呼吸频率上升到每分钟60~75次,最后可见痉挛性咳嗽,从鼻孔流出泡沫样液体。通常病马在出现临床症状数小时内因呼吸道浆液堵塞而窒息死亡。

心型呈亚急性经过,潜伏期7~14d,病程发展缓慢。病马感染初期表现为发热,并出现特征性水肿,水肿首先在其颞部、眶上窝、眼睑出现,随后可扩展到嘴唇、面颊、舌部、下颌骨间和咽喉区。严重时,病马的胸部、肩部也会出现水肿。

肺心型呈亚急性经过,潜伏期5~7d,具有肺型和心型两种病型的症状,死亡率超过80%。

发热型是最轻型,潜伏期为5~14d,病程短,很快恢复正常,容易被忽略。病马常出现弛张型发热,持续5~8d,可伴随有厌食、结膜微红、心率加速等症状。

### 3. 预防控制

目前该病尚无有效治疗药物,可对未感染马进行免疫接种。我国目前尚未发现此病,根据世界动物卫生组织《陆生动物卫生法典》规定,国内尚无法接种非洲马瘟疫苗。

非洲马瘟主要通过虫媒传播,应开展虫媒普查监测,调查其种类及分布区域,清理虫媒繁殖地,彻底杀灭饲养环境中的吸血昆虫,做好清洗消毒工作。加强出入境检疫,禁止从疫区输入马属动物及其相关产品。加强边境地区防控,坚持内防外堵,切实落实边境巡查、消毒、虫媒监测等各项防控措施。广泛宣传非洲马瘟的防控知识,增强相关从业人员的防范意识,营造群防群控的良好氛围,提高非洲马瘟的识别诊断能力和应急处置能力。

一旦发现非洲马瘟疑似病例,应按照法律法规的规定,及时报告,采取紧急控制和扑灭等强制性措施,采集样本进行病原检测。如确定病原,应立即扑杀患病马群,按照规定将尸体进行无害化处理。同群未染疫马属动物应隔离饲养,隔离厩舍应能严密防范库蠓等吸血昆虫。在库蠓活跃时段(黄昏至黎明)严禁马属动物出厩舍活动。

### (二)马传染性贫血

马传染性贫血简称马传贫,又称沼泽热,是由马传染性贫血病毒引起的马属动物传染病,致死率较高。2023年,我国农业农村部宣布各省、自治区、直辖市均已达到马传贫消灭标准。

**1. 传播途径**

病马和病毒携带马是传染源,主要通过吸血昆虫叮咬而传播,也可经消化道、呼吸道、交配、胎盘传播。本病在吸血昆虫活动旺盛的夏秋季节及森林、沼泽地带多发,主要呈地方性流行或散发。

**2. 临床症状**

病马主要出现间歇性发热,进行性衰弱,消瘦,贫血,出血和浮肿,在不发热期间临床症状逐渐减轻或暂时消失;其可视黏膜潮红,随着病情加重,可表现为苍白或黄染;在眼结膜、舌底面、鼻腔、阴道黏膜等处,常见鲜红色或暗红色出血点;四肢末端、胸前、腹下、包皮、阴囊、乳房等处出现无热、无痛的浮肿;心功能紊乱等。

3. 预防控制

注意环境卫生,消灭虫媒繁殖地,对马厩、马场、马诊疗场所等都应定期消毒,诊疗和检测单位做好诊疗器材,尤其是注射器、注射针头和采血针头的消毒工作,粪便应堆积发酵消毒。新购进的马匹必须隔离观察1个月,经过检疫,确认健康者方可合群。隔离马匹外出时,应自带饲槽、水桶,禁止与其他马群混饲、混饮或混牧。病马要进行集中扑灭处理,并将尸体焚烧或深埋。对马属动物进行定期检疫、免疫接种,一旦发生疫情应立即上报,并采取封锁与隔离等强制措施。

### (三) 马传染性鼻肺炎

马传染性鼻肺炎是由马疱疹病毒引起的一种急性、热性传染病。该病会引发呼吸道疾病,并导致孕马的流产和马驹的死亡,还可造成马匹神经性后遗症,对马业的发展造成巨大威胁。

1. 传播途径

病马和病毒携带马是本病的传染源。本病主要通过空气传播,消化道及交配也可传播,表现为高度接触性传染病。马鼻肺炎常呈潜伏感染,病毒携带马受到断奶、运输等应激因素刺激,会激活潜伏的马疱疹病毒,引起感染症状。

2. 临床症状

按病毒对组织的攻击偏好,分有四种症状表现。

(1) 呼吸道症状:病马起初流出大量浆性鼻液,后期为脓性鼻液,鼻黏膜和眼结膜可出现广泛充血症状,伴有发热,体温达到39.5~41℃。少数幼驹也会感染发病,但一般为隐性感染。

(2)嗜肺脏血管症状:病毒攻击肺脏的内皮细胞,可导致感染严重的马因呼吸道疾病而死亡,其肺脏有出血、水肿及动脉炎等症状。

(3)生殖系统症状:主要引发孕马流产,妊娠期最后4个月的流产率可达95%。该类型疾病的潜伏期为9~120d。隐性病毒激活可致患病康复的母马在首次感染的数月或数年内发生流产等感染症状。

(4)神经系统症状:病马可出现轻度运动失调,甚至四肢、腰部、尾巴僵硬麻痹,瘫痪,尿失禁。

**3. 预防控制**

加强饲养管理,给予马匹合理的生活空间、足够的营养、减少应激、提高免疫力。加强环境卫生消毒管理,定期对马厩的墙面、地面进行消毒,及时更换垫料及处理马厩粪便,对疑似发病马或流产母马应隔离饲养,并对病畜所在环境和流产后的分泌物、排泄物及胎儿等进行严格的消毒处理,避免将病毒传染给健康马群。加强疫苗接种工作,一般来说,母马在妊娠2~3个月和6~7个月各需接种1次,幼驹在3月龄和6月龄各需接种1次,可取得较好的预防效果。建议将妊娠母马群与其他马群分开饲养,并按妊娠周期再细化分群。

### (四)马病毒性动脉炎

马病毒性动脉炎又称马传染性动脉炎,是由马动脉炎病毒引起的马属动物急性传染病。所有马匹,不分性别、年龄、品种均可感染。

**1. 传播途径**

马病毒性动脉炎是高度接触性传染病。本病的主要传播途径有空气、体液、性传播等。病马的眼分泌液、鼻液、唾液、精液、血液、流产胎儿的胎液和各种污染组织内均含有该病毒,还可通过饲料、饮水、环境传染给易感马,或易感马吸入被污染气溶胶后引起传染。另外,马病毒性动脉炎还可以突破胎盘屏障感染胎儿。

**2. 临床症状**

马病毒性动脉炎潜伏期为2~10d，多呈急性经过。病马最初表现为发热及流出浆性鼻液，随后出现鼻黏膜充血，眼睑水肿，大量流泪，结膜炎，角膜炎，羞明，黄疸和四肢、腹下乳房及阴囊部的浮肿以及腹痛，腹泻。后期，病马常出现全身衰竭，白细胞减少，呼吸困难，厌食，精神萎顿，减重和脱水。妊娠母马患病后流产率可达90%以上，流产通常出现在临床发病期或恢复早期，胎儿常在发生流产前就已死亡。

**3. 预防控制**

该病在欧美发病率较高，在马匹引进时一定要确保马匹来自非疫区，加强出入境检验检疫工作，避免疫情入境。针对患病马匹，要采取隔离措施，封锁疫区，禁止病马和其他健康马接触。在日常饲养过程中，采取完善的生物安全措施，饲喂干净的饲草，保持马厩清洁，及时处理粪污，定期对环境以及用具进行彻底消毒，做好疫苗接种，使马群形成免疫抗体屏障，抵御病毒侵袭。

## 二、细菌病

### （一）马沙门菌病

马沙门菌病又称马副伤寒，是由马流产沙门杆菌引起的传染病，一般呈散发或地方性流行，一年四季均可发生，多发于春、秋两季。一旦暴发此病，马群中便会遗留下慢性病马和隐性带菌马，很难净化。

**1. 传播途径**

马流产沙门杆菌的自然感染途径主要是消化道，也可通过交配或人工授精感染。隐性带菌者可由内源性感染而发病，初生马驹可由胎盘感染或产道内感染而发病。

### 2. 临床症状

不同性别、不同年龄段的马匹有不同的症状表现。

（1）母马：最明显的症状就是流产，以初产母马为多。病马流产前通常没有任何先兆，于妊娠后期，由阴道内流出血样液体，继而发生流产。流产的胎儿一般为死胎。母马流产后，可能出现子宫炎，体温升高，由阴道流出红色至灰白色黏液。

（2）幼驹：初生哺乳驹感染后体温可升高至40℃以上，呈稽留热或弛张热，精神沉郁，食欲减退或废绝，呼吸、脉搏增加，腹痛，腹泻，粪稀如水并带黏液或血液，恶臭，随后卧地不起，迅速死亡。1~3岁病驹表现体温升高，伴有四肢多发性关节炎、腱鞘炎，出现跛行，有的发生关节脓肿。

（3）公马及去势马：感染后多无明显症状。病马除病初体温升高外，主要表现为睾丸炎和附睾炎，排出的精液中有大量马流产沙门杆菌；有的病马在四肢、肩胛部发生局限性肿胀，有热痛，重者化脓破溃形成不易愈合的脓疮；还可能出现慢性肠炎症状。

此外，各种年龄的马，特别是青壮年马感染本病后，还会发生急性败血性胃肠炎，表现为急性腹痛。症状较重者可因败血症或脓毒血症死亡。

### 3. 预防控制

加强马的饲养管理，增膘复壮，保证环境卫生，防止病原进入。每年1月和6~7月各接种一次马流产沙门菌弱毒冻干苗，免疫期半年。种公马不接种疫苗，在配种前对其进行马流产沙门菌检测，阳性者淘汰，呈阴性则作配种用。一旦发生本病，病马应立即隔离治疗，流产胎儿、胎衣等应深埋，被污染用具、场地和垫料要严格消毒或烧毁。患病母马在流产2个月后，生殖道恢复正常方能配种。

### （二）马传染性子宫炎

马传染性子宫炎是由马生殖器泰勒菌引起的高度接触传染性生殖系统疾病，主要危害繁殖期母马。马传染性子宫炎的传播曾给马产业造成较大的经济损失，影响马属动物的国际贸易。迄今为止我国境内暂未检测出该病。

**1. 传播途径**

病马和带菌马为该病的主要传染源,隐性感染的繁殖母马和种公马是最危险的传染源。该病可以通过自然交配传播,也可通过人工授精过程中由配种技术人员及兽医等接触污染的精液、器械进行传播。该病常发生于马匹配种季节,呈散发或暴发。患病马匹可以长时间携带此菌,并且间歇性地排菌。

**2. 临床症状**

马传染性子宫炎会导致母马发情异常,发情周期缩短,交配后48h就可发现阴道有大量灰白色分泌物。患病母马表现为以下三种感染模式。

(1) 急性感染型:在配种后10~14d出现大量黏稠灰色阴道分泌物。

(2) 慢性感染型:大部分患病母马属于慢性感染,与急性感染者相比,其阴道分泌物较少,子宫炎症较轻。

(3) 无症状型:患病母马可隐性携带该细菌数月而无明显症状。

**3. 预防控制**

该病目前并没有疫苗,只能依靠加强检疫,早期诊断并隔离治疗或者扑灭淘汰的方式对该病进行预防。对于无本病的地区和国家,需要谨慎引进马匹,对引进马匹应进行严格检疫。通过在种马场实施筛检,可以使本病得到一定的防控。专业人员对母马、公马进行生殖器检查与人工授精时注意无菌操作。采用人工授精是防止该病蔓延及预防公马重复感染的最好办法。一旦发现有感染马匹,公马应立即停止配种,并及时治疗阳性马匹。

## 三、真菌病

### 马流行性淋巴管炎

马流行性淋巴管炎是由伪皮疽组织胞浆菌引起的一种马属动物慢性传染病。马、骡对本病的易感性最强,驴次之。临床特征为皮下淋巴组织发生化脓性、溃疡性、多灶性炎症。

### 1. 传播途径

感染动物是本病的传染源,其皮下脓肿破溃后,组织胞浆菌随脓液排出,污染周围环境。其传播途径主要为直接或间接接触传播,马匹的外伤破损处接触到被脓液或分泌物污染的垫草、土壤、厩肥或管理人员用的靴、工作服或厩舍中易造成外伤的钉头、铁丝断端、挽具等都会导致感染本病。本病也可由性传播,或经蚊、蝇、虻等昆虫机械性传播,一般不经消化道感染。

### 2. 临床症状

病马大多精神良好,食欲正常,无全身症状,局部治疗逐渐痊愈。个别病马可出现被毛粗乱,眼角膜充血,有轻微的全身反应。重症病马则精神沉郁,食欲减退,四肢无力,后腿皮下浮肿,皮肤增厚;其鼻腔可流黏液性分泌物,四肢关节内、外侧及其头部、唇、皮肤、皮下淋巴肿大破溃,边缘不齐,向表面隆起,不断流出炼乳状脓液,并混有豆腐渣样凝块和血液,指压呈面团状,胸、腹部水肿;呼吸困难,体温升高至39~40.5℃,脉博每分钟110次,逐渐消瘦,病程持续数周,最后衰竭而死。

### 3. 预防控制

为防控马流行性淋巴管炎病,必须注意环境卫生,常用鞍挽用具应定期消毒,同时要防止厩舍潮湿,避免真菌滋生;消除马匹各种可能发生外伤的因素,经常刷拭、检查马体,一旦发现马匹发生外伤后应及时治疗,合理役用;新引进的马匹应隔离检疫,注意体表有无结节和脓肿,防止混进病马。发现病马应该及时隔离,对治愈马应用合适的溶液消毒其体表,待其病愈2个月后,方可混群;被污染的马厩、马场及诊疗场,都要彻底消毒,病马的粪便需经发酵处理。

## 四、寄生虫病

### （一）马媾疫

马媾疫是由寄生于马属动物泌尿生殖器官黏膜内的马媾疫锥虫引起的急性或慢性接触性传染病。可引起马属动物生理功能紊乱，生产性能下降，繁殖异常。

**1. 传播途径**

本病多发于配种季节后，健康马与病马交配是主要的传播途径，还可通过接触病马的粪便或未经严格消毒的人工授精器械、手套和用具、垫料等传播，患病母马在分娩和哺乳时也可将病原传播给幼畜。在极少情况下，蜱、蝇、虻等吸血昆虫也可传播该寄生虫。

**2. 临床症状**

马媾疫病潜伏期一般是8～28d，也可长达2～3个月。临床症状常有一定的顺序性，依次分别为水肿期、皮肤病变期及麻痹期。水肿期主要出现病马的生殖器水肿及腹下水肿，性欲亢进。患病母马可出现屡配不孕或妊娠后容易流产。皮肤病变期病马在胸腹部两侧和臀部皮肤出现不痛不痒的扁平丘疹块，这是马媾疫特征性的皮肤病变，有时丘疹很快消失。麻痹期多出现在发病后期，病马的面神经、腰神经呈现不同程度的麻痹，可出现后肢无力、拖拉、摇摆、跛行等症状。随着病程的发展，少数病马神经麻痹越来越严重，最后卧地不起，极度衰竭而死亡。

**3. 预防控制**

加强饲养管理，做好卫生消毒，定期对圈舍、所有器械、场地用具彻底消毒。对种马做好驱虫，一般秋季配种前及早春时节各驱虫一次，可有效预防马媾疫病的发生。对引进的种马要进行严格隔离检疫，通过血液检测是否有媾疫锥虫的存在。早期筛查诊断易感动物，一旦发现染疫动物，除名贵品种考虑隔离治疗外，其余患畜应立即淘汰，以彻底消灭传染源。在配种季节，避免随意交配，推行人工授精，而且必须对人工授精的精液进行检测,合格的方可使用,对配种器械严格消毒。没有种用价值的公马应进行阉割,降低染病的风险。

### (二)马伊氏锥虫病

马伊氏锥虫病又称"苏拉病",是由伊氏锥虫引起的血液原虫病,多发于热带和亚热带地区。其临床特征为进行性消瘦、贫血、黄疸、高热、心力衰竭,常伴发体表水肿和神经症状等。

**1. 传播途径**

马伊氏锥虫病由吸血昆虫机械性传播,也可由马采食被伊氏锥虫污染的饲料和饲草经消化道传播。伊氏锥虫主要寄生于马的血液、造血器官内,具备较强的适应能力,潜伏期较长,能够快速适应器官环境,而马的免疫系统无法有效清除寄生虫,由此致病。

**2. 临床症状**

本病的急性病例多发于健壮膘肥的马,患病后精神状态不佳,食欲明显下降,出现40℃以上高热,呼吸困难,心律不齐,食欲废绝,眼结膜发白,眼球凸出,严重的会在2~24h内死亡。慢性患病马精神不振,被毛杂乱无光泽,食欲下降,体温升高;时而站立,时而卧下,行动受限;皮肤时而干燥,时而出汗,眼结膜有血斑,眼角可流出黏性分泌物;病马呈腹式呼吸,其四肢末端尤其是蹄部出现肿胀,并伴有疼痛感,导致病马出现跛行现象;后期病马高度消瘦,心力衰竭,常出现神经症状,主要表现为共济失调。

**3. 预防控制**

强化饲养管理,及时清扫圈舍,加强消毒,对粪污进行无害化处理;在每年吸血昆虫活动季节,定期喷洒杀虫药,避免吸血昆虫侵袭马群,有条件的可对疫区家畜进行定期驱虫。一旦发现异常马匹,应及时进行隔离治疗,避免造成传染,无异常方可混群饲养。

### (三)马梨形虫病

马梨形虫病又称马焦虫病,是由马泰勒虫和(或)驽巴贝斯虫感染引起的一种急性血液原虫病。马泰勒虫和驽巴贝斯虫主要寄生于马属动物的红细胞和单核细胞内,可导致急性溶血性贫血,极易造成病马死亡。

### 1. 传播途径

本病的传播媒介为硬蜱。因受感染马属动物可长期携带病原体,蜱虫可通过叮咬进行机械性传播。本病流行具有明显的季节性,主要在2~5月。随着蜱虫活动的频繁,马梨形虫病的病例数也在逐渐增多。

### 2. 临床症状

病马主要出现发热、贫血、黄疸、溢血和呼吸困难等急性症状。本病的潜伏期为7~19d,发病初期体温略为升高,眼结膜潮红;数日后,病马体温升高至41℃,呈稽留热型,出现精神不振,食欲减退,迅速消瘦,毛焦皮干,呼吸困难,心悸亢进,脉搏增数,可伴有明显的贫血和黄疸;大便干燥,随后可出现腹泻,小便次数多而量少,尿色深黄,黏稠如豆油;后期还可出现后肢麻痹。病程约数日,病马死亡后见尸体外观消瘦,尸僵完全,可视黏膜苍白、黄染,血液稀薄,凝固不良。

### 3. 预防控制

加强饲养管理,注意马厩通风换气,防寒保暖以及消毒工作。不饲喂霉变饲料,精料和草料等存放地点应做到阳光充足,保持干净卫生,做好饲料存放点的灭鼠工作。定期驱虫灭蜱,切断传播途径,同时做好马厩、草场等的杀虫工作。定期清理马匹体表,勤刷、勤洗,做到马匹体表清洁,降低蜱虫寄生的概率。

## (四)马胃蝇蛆病

马胃蝇蛆病,又名马胃蝇幼虫病,为多种胃蝇幼虫寄生于马属动物胃肠道内引起的慢性消耗性和中毒性寄生虫病。本病可引起马属动物消瘦、贫血,使役能力下降,所以还被称为马瘦虫病。

### 1. 传播途径

马胃蝇成虫可将其虫卵产于石块、植物、马口腔周围及颊部的短毛、马下颌间隙和上颈部被毛、背部、背鬃、胸、腹及腿部被毛,马在采食、啃痒等过程中摄入幼虫,并到达胃部而感染。成蝇活动季节多在5~9月,以

8~9月最盛,其间气候干旱炎热,马匹消瘦,马群管理不良,更容易感染马胃蝇蛆病;而阴雨天气不利于马胃蝇幼虫的发育,成蝇也不易飞翔。此外,温度高、湿度大的气候容易使虫卵受真菌侵害而死亡。

### 2. 临床症状

马胃蝇虫在其整个寄生期间均有致病作用,症状严重程度与马匹的体质、幼虫的数量以及虫体寄生部位有关。成蝇在马身上产卵时,会使马精神不安,影响其采食与休息。胃蝇虫的第1期幼虫寄生在马匹皮肤上,可引起瘙痒症状,在口腔内移行时引起流涎,咳嗽、打喷嚏,咀嚼困难,口腔黏膜水肿,炎症或溃疡;胃蝇虫第2期和第3期幼虫常在病马的消化道黏膜寄生并发育,会引起黏膜水肿、炎症和溃疡,寄生虫体数量多时还可堵塞消化道,引起严重的疝痛。此外,胃蝇虫的幼虫在病马体

内会大量吸食其血液,久而久之将造成马匹的贫血、消瘦。胃蝇虫还会分泌或排泄毒素,也会进一步加重病马的营养障碍。

### 3. 预防控制

在本病严重流行地区,每年秋、冬两季可用兽用精制敌百虫进行预防性驱虫,杀灭未成熟的幼虫,以达到消灭病原的目的。为了清除马毛上的虫卵,可重复用热醋洗刷,使幼虫提早脱离卵壳,并使卵上的黏胶样物质溶解;也可以用点着的乙醇(酒精)棉球烧燎被毛上的虫卵。在有条件的情况下,可采取夜间放牧,以防成蝇侵袭产卵。在病马排出成熟幼虫的季节,需要随时摘除附着在直肠黏膜或肛门上的幼虫,予以消灭,可撒放给家禽啄食,或以其他方法处理。

# 第三节　马的人兽共患病

## 一、病毒病

### （一）马狂犬病

狂犬病是由狂犬病病毒感染引起的动物源性传染病,感染后一旦出现临床症状,病死率几乎100%,是世界上病死率最高的传染病,几乎所有温血动物都对狂犬病病毒易感。很多马场有饲养犬猫的习惯,犬猫能和马儿进行良好的互动,但也增加了它们感染狂犬病的风险。

**1. 传播途径**

病毒通过受感染动物的唾液传播,犬和猫是主要的储存宿主。大多数狂犬病是被病犬咬伤所致,少数是由于被抓挠或通过伤口黏膜而感染。狂犬病病毒不能侵入完整、无破损的皮肤。

**2. 临床症状**

虽然狂犬病在马匹中的发病率较低,但马儿一旦发病同样是致命的。和其他动物感染狂犬病一样,马感染狂犬病也分为潜伏期、前驱期、急性期和麻痹期四个阶段。处于前驱期的病马可能表现出异常的兴奋、恐惧,也可能过于安静和迟钝。进入急性期后,会出现典型的狂犬病临床症状,影响咽喉、呼吸道等多部位肌肉以及神经系统,导致马儿咀嚼无力,吞咽困难,流涎,呼吸困难,后肢瘫痪,丧失运动协调性,最终造成死亡。

**3. 人感染临床表现**

人感染狂犬病,发病潜伏期一般在2周左右,有的甚至达到数年。症状可出现头痛,乏力,食欲减退或恶心呕吐,咬伤处有痒感,瞳孔散大,多泪,流涎,过度兴奋。患者急性期常对水特别敏感,见水或听到水声极度恐惧,病毒可引起咽部、食管肌肉异常收缩,以致吞咽困难,有时全身痉挛,角弓反张。人发病后,无有效的治疗措施,死亡率接近100%。

### 4. 预防控制

如果马场中饲养有犬猫，应该定期给犬猫接种狂犬病疫苗。对于来源不明的野生动物，或疑似感染狂犬病病毒的人和动物，要尽可能避免其和马儿接触。如果发现马儿已经被未知动物咬伤，应立即隔离受伤的马匹，做好暴露后免疫。在狂犬病高发地区，可以给马儿接种狂犬病疫苗进行暴露前预防。

## （二）马流行性感冒

马流行性感冒简称马流感，是由马 A 型流感病毒引起马属动物为主的急性暴发式呼吸道传染病，通常有 H7N7 和 H3N8 两种亚型。马流感在世界范围内广泛存在，一般发病率高而死亡率低，通常死亡率在 1% 以下。马流感传播极为迅速，引进易感畜群，可导致暴发性流行，严重影响各类赛马活动。该病是世界动物卫生组织法定通报疫病，我国将其列为三类动物疫病。

### 1. 传播途径

病马咳嗽喷出含有病毒的飞沫，经呼吸道传染是本病的主要传播方式。本病也可通过污染的饲料、饮水经口传播。病毒在康复马匹的精液中仍可较长时间地存活，因此，性传播也是本病的一种重要传播方式。

### 2. 临床症状

根据病毒亚型的不同，本病表现的症状不完全一样。H7N7 亚型所致的疾病症状比较温和轻微，H3N8 亚型所致的疾病症状较重。本病的临床症状为高热，剧烈干咳，流黏性或脓性鼻涕，精神萎顿，虚弱，食欲减退，肌肉疼痛。上述症状通常在几天内会消退，但本病常继发感染而导致肺炎等并发症，使马匹长期衰弱，幼驹可能因此死亡。

### 3. 人感染临床表现

马流感病毒通常限于感染马属动物，但是近年的报道也证实其具有跨越物种障碍的潜力。人感染马流感症状与普通感冒类似，患者会出现发热、咳嗽、疲劳及食欲减退等。

### 4. 预防控制

马流感目前没有治疗特效药,以预防、接种疫苗为主。应注意改善马匹饲养环境,并使马群内至少70%的马匹定期接种有效疫苗。不要直接或间接从马流感疫病流行国家和地区进口马属动物及其产品。

## (三)马日本脑炎

日本脑炎是由乙型脑炎病毒感染造成的急性传染病,是重要的人兽共患病。日本脑炎主要流行于东亚和东南亚地区。我国除新疆、西藏、青海等地,其余各省均有日本脑炎流行。日本脑炎是我国的二类动物疫病。因为蚊蝇等节肢动物是日本脑炎的主要传播媒介,因此夏、秋两季是日本脑炎的流行高峰。家畜中,猪和马对日本脑炎最为易感。

### 1. 传播途径

日本脑炎主要经由蚊虫叮咬传播,库蚊、伊蚊、按蚊等多种蚊子均可传播乙型脑炎病毒,以三带喙库蚊最为常见。极少数情况下,也可以发生经口和经皮肤传播的个例。

### 2. 临床症状

成年马感染日本脑炎大多不表现临床症状,马驹感染时症状较明显。病马早期表现为发热,食欲减退,精神沉郁;随着病程发展,逐渐出现共济失调、狂躁、抽搐、瘫痪等神经症状,脑部呈现典型的非化脓性脑炎。严重情况下可造成马匹昏迷和死亡。

### 3. 人感染临床表现

人感染乙型脑炎病毒,潜伏期为10~15d,健康人感染大多是隐性感染,即使出现症状,也很轻微。少数出现临床症状的,可表现发热、惊厥等神经系统症状,严重时发生脑水肿、脑疝、呼吸暂停、强直性瘫痪等。重症患者可能终身持续意识障碍、瘫痪、癫痫等后遗症。

**4. 预防控制**

为马驹接种日本脑炎疫苗是最有效的预防措施,通常在5月,对4~12月龄的马驹进行弱毒疫苗注射。此外,减少蚊虫孳生,进行有效防蚊也是预防日本脑炎的重要措施。

**(四)亨德拉病**

亨德拉病是由亨德拉病毒引起的一种高度致死性人兽共患传染病。亨德拉病毒最早在澳大利亚布里斯班亨德拉镇的赛马场中被发现,同时造成马匹和驯马师的死亡,至今仍在持续感染马匹和人类。

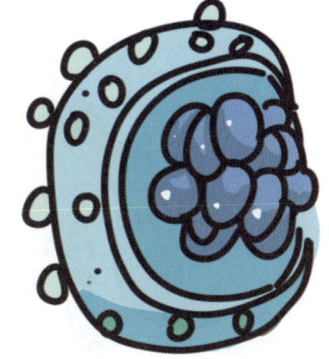

**1. 传播途径**

狐蝠的排泄物和受感染的狐蝠胎儿是亨德拉病毒在野外主要的传播媒介。而在马群中,受感染的马匹会通过鼻涕、唾液、尿液排出病毒,人类和健康马匹接触病马的分泌物就有可能感染。

**2. 临床症状**

马匹感染亨德拉病毒的潜伏期为8~11d,其感染表现为食欲减退,发热,呼吸困难,精神沉郁,流大量泡沫样鼻涕,出现症状后几天内就会死亡。

**3. 人感染临床表现**

人感染亨德拉病毒有很高的死亡率。疾病最初表现为流感样症状,可出现咳嗽,呼吸困难,发绀等;随后疾病可逐渐发展为脑膜脑炎,出现呼吸衰竭,肾衰竭,并最终致人死亡。

**4. 预防控制**

避免马匹与狐蝠接触,不在狐蝠栖息地内饲养马匹是预防亨德拉病最直接的措施。对疑似感染的马匹要进行隔离和检疫,并对环境进行彻底的清洁和消毒,以防止病毒扩散。在高风险地区,可以为马匹接种亨德拉病毒疫苗。

## （五）马西尼罗河热

西尼罗河热是由西尼罗河病毒引起的急性发热性传染病，呈现地方性流行，主要流行于非洲、中东、西亚、大洋洲等地区。西尼罗河病毒主要影响鸟类，也可感染马和人类。

### 1. 传播途径

各种不同的蚊子是西尼罗河病毒的主要传播媒介，马和人类经蚊子叮咬而感染。因此，西尼罗河热好发于6～11月，于8月达到最高峰。

### 2. 临床症状

马西尼罗河热大多没有明显症状，或只有轻微的发热和食欲减退。严重的感染病例常发生于免疫力低下的马匹，可能出现神经症状，包括共济失调、瘫痪、痉挛、无法吞咽等，最终因呼吸衰竭而死亡。

### 3. 人感染临床表现

人感染西尼罗病毒，潜伏期为3～12d，同样以隐性感染为主。少数患者可能出现发热，头痛，肌肉疼痛，恶心呕吐，淋巴结肿大等症状，数天后即可康复。只有在极少数病例中，病毒会侵入脑部造成脑炎。

### 4. 预防控制

在西尼罗河病毒的流行地区，应定期为马匹接种西尼罗河病毒疫苗，定期监测马匹和人群中的感染情况，及时采取防控措施。防蚊措施在西尼罗河热的预防中非常重要,尤其在好发季节,应定期喷洒防蚊药剂,防止蚊虫孳生。

### (六) 马尼帕病毒病

马尼帕病毒病是由尼帕病毒引起的严重人兽共患传染病,起病急,具有高致死性,是我国一类动物疫病。尼帕病毒病最早暴发于马来西亚,主要感染人类和猪,也可感染包括马、犬、猫在内的多种动物。

#### 1. 传播途径

尼帕病毒的自然宿主是蝙蝠,由它和其他受感染动物的排泄物污染食物和饮水是本病毒传播的主要途径,人类和动物通过直接或间接接触受感染动物的体液感染尼帕病毒。

#### 2. 临床症状

发热是马感染尼帕病毒最早出现的症状,通常伴随食欲减退。马儿可能显得非常焦躁,也可能过于安静。随后,会出现共济失调、瘫痪、癫痫等神经症状。最终出现呼吸困难,甚至呼吸衰竭,导致马匹死亡。

#### 3. 人感染临床表现

人感染尼帕病毒后一般最先出现发热、头痛,随后逐渐出现嗜睡、定向障碍等症状,可表现颈、腹部痉挛的特殊症状,具有诊断意义。出现症状后,很快便会进展至昏迷,造成脑损伤,甚至引起患者死亡。

#### 4. 预防控制

注意避免马匹与蝙蝠接触,避免在蝙蝠栖息地饲养马匹,保证它们食物和水源的清洁是尼帕病毒有效的预防措施。如果发现疑似感染的马匹,应立即进行隔离和检疫,并对环境和设备进行彻底消毒。发生疫病时,可对同群的其他马匹进行紧急免疫接种。

## （七）马水疱性口炎

水疱性口炎又名鼻疮、口疮，是由水疱性口炎病毒引起的人兽共患传染病，主要影响马、牛、猪等家畜。水疱性口炎病毒主要流行于美国和中南美洲等地区，在我国仅有个别病例报道。

### 1. 传播途径

水疱性口炎好发于 5～10 月，夏季发病率最高。伊蚊和库蚊可携带病毒，通过叮咬传播给易感动物。人类和动物也可以通过直接接触，或接触被污染的食物和环境感染水疱性口炎病毒。

### 2. 临床症状

感染水疱性口炎病毒的马匹主要在舌背部出现丘疹和水疱，也可能发生在口腔黏膜、牙龈、唇周，水疱破裂后形成溃疡，使得马匹出现流涎、食欲减退的症状。感染蹄部时，会造成马匹跛行。其他可能的临床症状包括发热、鼻分泌物增多等。马匹感染水疱性口炎在数天后即可痊愈，很少会造成死亡。

### 3. 人感染临床表现

人感染水疱性口炎病毒表现为流感样症状，包括发热、恶心、肌肉疼痛，少数情况下可能出现口炎、扁桃体炎等症状，通常症状轻微，病程较短，不会造成较大影响。

### 4. 预防控制

在美国和中南美洲等高发地区，对马匹进行疫苗接种可以明显提高马匹抗体水平，但对疾病的保护力尚不明确。一旦发现病例后应立刻对患病动物进行隔离，对环境进行彻底消毒。日常要多注意环境卫生，防止蚊虫孳生。

### (八) 马脑脊髓炎

马脑脊髓炎是由马脑脊髓炎病毒引起的传染病，主要包括东方型和西方型。东方型主要分布于美国东部和中南美洲地区，西方型流行于美国除东部外的其他地区及加拿大南部。马脑脊髓炎病毒主要影响马，其中，马驹更为易感，也可以感染猪和人类。

**1. 传播途径**

马脑脊髓炎病毒通过蚊子等节肢动物传播，具有明显的季节性特征，好发于夏季和初秋。骚扰阿蚊和跗斑库蚊分别是在人和马之间传播东方型和西方型马脑脊髓炎病毒的主要媒介，其他昆虫包括蜱、虱、螨也有概率传播该病毒。

**2. 临床症状**

马脑脊髓炎病毒发病率不高，感染初期表现为发热、食欲减退、精神沉郁，随后出现神经症状，包括过度兴奋、共济失调、痉挛、不停转圈等。马脑脊髓炎病程发展很快，如果不及时进行治疗，1~2d后马匹就会死亡。东方马脑脊髓炎的死亡率非常高，可达90%；西方马脑脊髓炎死亡率仅50%。

**3. 人感染临床表现**

人感染马脑脊髓炎病毒的临床症状通常较为严重，除流感样症状外，还表现为结膜炎、眼睑下垂、偏视，可发展为昏迷、晕厥等神经系统症状，严重的患者可能出现脑水肿、脑疝，最终导致死亡。儿童感染马脑脊髓炎病毒可能有神经系统后遗症。

**4. 预防控制**

疫苗接种是马脑脊髓炎的有效预防手段，在流行地区可对马群定期进行免疫。使用驱蚊药，保持环境清洁和干燥，减少蚊虫孳生，避免马匹被蚊虫叮咬也是预防马脑脊髓炎的重要措施。

## （九）委内瑞拉马脑脊髓炎

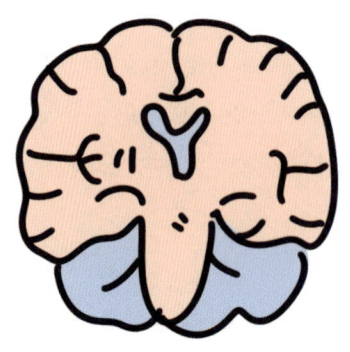

委内瑞拉马脑脊髓炎是由委内瑞拉马脑脊髓炎病毒引起的急性传染病，主要影响马属动物，也可以感染人类。委内瑞拉马脑脊髓炎最早报道于哥伦比亚，随后传播至委内瑞拉，常发生于美国南部和中南美洲地区。

### 1. 传播途径

委内瑞拉马脑脊髓炎病毒通过库蚊等节肢动物传播，以黑色库蚊为主，好发于湿热季节。其他节肢动物如厩螫蝇和蚋，也可能机械传播病毒。

### 2. 临床症状

委内瑞拉马脑脊髓炎和东、西方型马脑脊髓炎所造成的临床症状非常相似，都会表现出发热、食欲减退、精神沉郁及多种神经症状。但不同于东、西方型马脑脊髓炎，委内瑞拉马脑脊髓炎具有更高的发病率，且病死率约为60%。该病在人类和其他动物也有较高的易感性。

### 3. 人感染临床表现

人感染委内瑞拉马脑脊髓炎病毒后，多表现为流感样症状。儿童感染后可出现抽搐、瘫痪等神经症状，病情可能进展为呼吸衰竭，造成严重并发症。

### 4. 预防控制

委内瑞拉马脑脊髓炎病毒与东、西方型马脑脊髓炎病毒相似，但接种马脑脊髓炎病毒无法同时预防委内瑞拉马脑脊髓炎，在该病的高发地区应另外接种委内瑞拉马脑脊髓炎病毒疫苗。另外，同样要做好蚊虫预防及环境清洁。

## 二、细菌病

### （一）马鼻疽

马鼻疽是一种由鼻疽杆菌引起的细菌性传染病，主要感染马、驴、骡等马属动物，也可以感染人类和其他温血动物。马鼻疽广泛流行于全球各国，在法国、英国、美国、加拿大、德国、日本、伊朗等国都有报道。

**1. 传播途径**

鼻疽杆菌通过受感染的马匹传入马群。健康的马匹接触带菌的鼻分泌物、溃疡破溃的脓液、受污染的环境和食物等均可能感染马鼻疽，在同槽饲喂和饮水的马匹之间尤其容易传播。另外，马鼻疽也可能在马儿互相啃咬时，通过伤口和皮肤黏膜接触感染。

**2. 临床症状**

马匹感染马鼻疽可能持续多年都不表现临床症状。在出现临床症状的马匹中，可分为急性型和慢性型。急性马鼻疽多表现为发热，咳嗽，鼻黏膜水肿，鼻分泌物增多，鼻腔黏膜上可见大小不一的溃疡。慢性马鼻疽更加常见，除了鼻黏膜溃疡外，其他部位的皮肤和黏膜也都可能出现结节和脓疡。无论是急性还是慢性感染，出现临床症状的马匹最终都有可能以死亡告终。

**3. 人感染临床表现**

人可以经由受伤的皮肤、黏膜、呼吸道感染鼻疽杆菌，潜伏期大多为1～14d，但也可能长达数年。人感染马鼻疽主要表现为急性型，以急性发热为特征，可出现局部皮肤和淋巴管肿胀、溃疡坏死、结节。若引起菌血症，严重的可能造成患者死亡。

#### 4. 预防控制

马鼻疽是我国二类动物疫病,也是重要的人兽共患病。我国将马鼻疽列入马匹的日常监测中,每年进行2次马鼻疽检测。预防马鼻疽需要做好严格的检疫措施、患病动物的隔离和扑杀,以及彻底的环境消毒。目前,我国各省、市、自治区都已经达到马鼻疽的消灭标准。

### (二)马炭疽

炭疽是由炭疽杆菌引起的急性动物源性传染病,在国内普遍存在,是我国的二类动物疫病,可以感染包括人类和马在内的多种动物。炭疽杆菌可以污染肉类以及土壤等自然环境,并在其中长期存活。

#### 1. 传播途径

马匹通常经口摄入或经皮肤接触受污染的饲料、水源、土壤感染炭疽杆菌,也可能吸入炭疽杆菌的芽孢感染。

#### 2. 临床症状

根据感染炭疽杆菌的途径,感染后的临床症状可以分为皮肤型、胃肠型和吸入型。皮肤型症状是感染炭疽最为常见的,病马感染部位的皮肤常肿胀,可见出血性坏死,皮肤随后破溃形成溃疡。胃肠型表现为腹痛、腹泻,严重的可能发生出血性肠炎。吸入型发病很快,感染后可出现高热、出血等症状,病马很快就会因为呼吸衰竭而死亡。

#### 3. 人感染临床表现

人感染炭疽的症状同样可分为皮肤型、吸入型和胃肠型三种。皮肤型主要可见于手臂、面部、颈部等暴露在外的部位,患处皮肤肿胀、中心坏死、周围形成溃疡和水疱,具有特征性黑色痂皮。吸入型可造成肺炎、淋巴结水肿、败血症等,胸腔内可见大量积液。胃肠型是人类感染炭疽杆菌最常见的类型,通过食用未煮熟的受污染肉类感染。感染胃肠型炭疽可表现为扁桃体肿胀、腹泻，可能伴随有腹水。不同类型的感染均可能因细菌散播进入脑部而造成脑膜炎，并导致患者死亡。

**4. 预防控制**

炭疽是具有高度传染性和致死性的人兽共患病，对炭疽杆菌的预防和控制非常重要。对感染的马匹应立刻进行隔离，对感染动物的尸体和粪便进行无害化处理，并对受污染的环境进行彻底消毒。如果在炭疽发病的高风险地区，应该为马匹接种炭疽疫苗。

### （三）马腺疫

马腺疫是由马链球菌感染引起的细菌性传染病，好发于春秋季，主要影响马、驴、骡等马属动物，以马最为易感，年轻的马匹易感性更高，尤其是1~2岁的小马，是我国三类动物疫病。

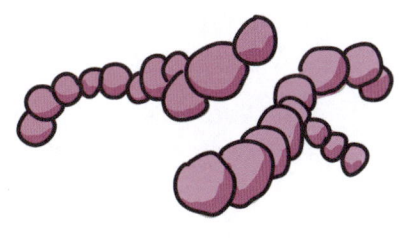

**1. 传播途径**

马匹及其他易感动物主要通过消化道和呼吸道感染马链球菌，也可以由于创伤、交配等通过黏膜直接接触含菌分泌物感染。

**2. 临床症状**

马腺疫的感染通常分为一过型腺疫、典型腺疫和恶性腺疫。一过型腺疫病马经常只出现鼻分泌物增多，轻微发热和食欲减退。典型腺疫主要表现为发热，咽喉肿胀，颌下淋巴结化脓性肿胀。表现一过型腺疫和典型腺疫的马匹在感染后大多能痊愈；而表现恶性腺疫的马匹，马链球菌可经淋巴管和血液感染全身，造成脓毒性败血症，最终导致马匹死亡。

**3. 人感染临床表现**

人感染马链球菌可影响呼吸道、泌尿道、胃肠道等多部位并引发炎症反应，造成发热、乏力、胸闷、咽痛、吞咽困难、眼睛充血红肿、腹痛、排尿困难等多种症状。严重时，可造成脓毒血症，发生脑膜炎、心内膜炎、关节炎、乳腺炎等。

### 4. 预防控制

马链球菌是革兰氏阳性菌,细菌表面可形成荚膜,对环境抵抗力强,可以在环境中存活数天至数周,但高温和消毒剂都能有效杀灭马链球菌。因此,马腺疫的预防主要通过隔离和消毒完成,保持环境的清洁并定期消毒至关重要。在马腺疫高发地区,也可以进行疫苗接种。

附 录

# 附录　马匹交易运输指南

## 一、如何合法地进行马匹交易

在古代中国,马匹作为重要的交通工具和战争资源,私人交易往往受到法律的严格监管。汉朝《九章律·厩律》是形成较完善的马匹管理体系的标志;在唐朝,《关市令》规定买卖马匹必须经过官方验证;从秦朝沿袭至清代的太仆寺负责管理全国的官方牧场和马匹。此外,在元、明时期还设立了群牧所、尚牧监等机构,负责马匹的牧养、管理和交易。古代法律对私人交易马匹的严格管理,旨在确保马匹的有效使用,维护国家的军事和经济利益。

近现代以来,与马相关的体育运动、休闲娱乐、文化旅游等新业态蓬勃发展,市场需求不断增长,马匹交易在市场经济条件下是合法的商业行为,但买卖双方需要明确马匹身份和健康状况,在交易过程中遵守相关法律法规,从而确保马匹来源合法、程序合规,防止马匹传染病和其他有害生物的传播,保障生物和生态环境安全。

### (一)进境马匹交易

进口马匹需要符合《中华人民共和国生物安全法》《中华人民共和国进出境动植物检疫法》及其实施条例、《中华人民共和国进出口商品检验法》及其实施条例等法律法规的要求。马匹出口国或地区须与中国签订双边检疫协定(包括检疫协议、议定书、备忘录等),马匹出口前采取检疫、隔离、消毒等措施。马匹进口单位须向海关申请办理《进境动植物检疫许可证》,取得《进出境动物指定隔离检疫场使用证》并在马匹进境后实施口岸查验、隔离、临床和实验室检测等严格的检验检疫监管措施。

### (二) 国内马匹交易

国内马匹在交易过程中要遵守《中华人民共和国刑法》《中华人民共和国动物防疫法》《中华人民共和国野生动物保护法》等相关法律法规。首先,买卖双方需要确保马匹的来源合法,提供相应证明文件,如果交易的马匹属于国家重点保护的野生动物,则涉嫌犯罪。其次,马匹卖主应当按照《中华人民共和国动物防疫法》规定向所在地动物卫生监督机构申报检疫,取得检疫证明后方可调运,跨省、自治区、直辖市引进的种用马匹应进行隔离观察。

马匹买卖的众多牲畜交易市场中,最负盛名的莫过于山丹军马场。它是亚洲最大、世界第二大军马场,也是我国乃至亚洲最大的军马繁育基地,每年输出大批的骏马良骥。此外,这里不仅是马匹交易中心,还是景区和影视基地。

天山活畜交易市场在中国马匹交易市场中也非常有名,是内蒙古和东北地区规模较大的牲畜交易市场,被评为国家级、自治区级、市级农牧业产业化重点龙头企业。

此外,国内有名的马匹交易市场中一定少不了华北牲畜交易市场,早在明末清初就形成集散中心,古称"马桥",是华北地区成交额高、辐射面广的大型牲畜交易市场。

## 二、马匹运输也要"懂法"

马术是一项由来已久的贵族运动,随着竞技用马价值的不断提升,合法合规、舒适安全的马匹运输成为马术产业链中不可或缺的环节。马匹运输涉及的法律法规包括《中华人民共和国动物防疫法》《中华人民共和国道路交通安全法》《中华人民共和国道路运输条例》等。

目前,国内马匹运输主要采用运马专车,通常是货运改装车辆,其厢体内部包括马厩仓、物料仓、马具装备专储箱、饮水系统、通风系统、恒温制冷空调系统、监控系统、污水导流系统和液压尾板等。每匹马都有单独隔间，配备充足的草料和水，可谓豪华单间配置。每个单间之间用包裹厚海绵的隔板隔离，不仅能预防刹车造成的撞击，还能提高马的舒适度，为马匹打造类似"沙发"的舒适感。由此可见，运马专用车属于特种车辆，其合法改装应当符合《中华人民共和国道路交通安全法》的规定，经过公安部门审批或备案，整车通过工业和信息化部公告。同时，其行驶过程中须遵守《中华人民共和国道路运输条例》规定，确保道路运输的安全和秩序。

2023年12月22日，由中国马业协会牵头编制的《马匹道路运输管理规范》（NY/T 4448—2023）正式发布。该规范详细规定了马匹道路运输的基本要求、车辆要求、运输管理、清洗消毒、安全福利保障和无害化处理等内容，适用于需道路运输的运动骑乘用、种用等马匹的运输管理。

这些法律法规共同构成马匹运输的法律框架，确保马匹运输中的马匹福利、卫生和安全。马匹运输可不是一件小事，得考虑到马匹的舒适度、安全性和各种实际情况。下面就让我们一起学习如何正确地运输马匹吧。

（一）选择合适的运输方式

首先，选择一种合适的运输方式。如果是短途移动，比如从马厩到训练场，可能只需要一辆运马专车就足够了。但如果是长途运输，比如跨省或跨国，那就得考虑用飞机或者火车了。

其次，就是准备运输工具。无论是运马车、火车或飞机，都得确保它们有足够的空间让马匹站立和躺下，并通风良好。如果是长途运输，还得考虑在马匹的单间里安装饲料槽和水槽，以满足马匹的基本需求。

第三，在运输过程中，马匹的舒适度至关重要。我们要在其单间的底板上铺上厚厚的垫子，以减少震动对马匹的影响。同时，要确保马匹有足够的活动空间，避免它们因为长时间保持同一姿势而感到不适。

第四，安全永远是第一位的。在运输前，一定要检查运输工具的安全性，比如车轮、车厢等是否牢固。此外，还要确保马匹在运输过程中不会受伤，比如安装前文提到的海绵隔板，以防止马匹在紧急刹车时受伤。

第五，除了关注马匹生理上的需求外，马匹的心理需求也不容忽视。在运输过程中，可以安排熟悉的人陪伴在马匹身边，以减轻它们的紧张情绪。同时，尽量避免在运输过程中产生过大的噪声或者突然的光线变化，以免惊吓到马匹。

最后，一定要做好应急准备。在运输前了解沿途的动物诊疗机构并获取紧急联系方式，以便在马匹出现不适时能够及时得到救治。同时，要准备好常用的药品和急救工具，以备不时之需。

只要做好充分的准备和规划，相信我们的马匹一定能够安全、舒适地到达目的地。

**（二）马匹飞机旅行指南**

想象一下，一匹骏马坐上飞机，翱翔于蓝天白云之间，这样的场景多么令人好奇！马匹坐飞机远渡重洋是一个相当专业和细致的过程。今天，就让我们一起看看马匹是如何"飞"到世界各地的。

和人一样，马匹出国也需要"护照"。每匹马都有自己的护照，里面详细记录了马匹的身份信息和健康状况。而且，它们的护照里还有一个重要的芯片号码，相当于马的"身份证"。当然，出口检疫证明也是必不可少的，这是马匹进入其他国家的"签证"。

在飞行途中，难道只有人类有飞机餐吗？马匹同样需要特殊照顾。

在登机前,它们会先享用一顿"大餐",以确保在长途飞行中有足够的能量。而在飞行过程中,马匹还需要定时补充干草和水,有些贴心的马工会为马匹准备苹果汁,让马匹喝得更开心。

虽然马匹在飞行时不需要像飞行员一样换衣服,但它们也有自己的飞行装备。一般来说,马匹会穿薄马衣或者不穿,以保持舒适为准;而为了保护腿,大部分马匹还会佩戴保护性护腿绷带,这可是马匹的"飞行靴"。

由于马匹本身就很重,它们的行李是有限制的。这个限重包括马匹本身、水、干草、垫料以及各种马具和装备。所以,马匹坐飞机可不是一件轻松的事情,得精打细算才行。

马匹登机前,除了上述准备工作,还需要经过一系列的登机手续。兽医会在这里进行检查,核对马匹的身份,确保一切准备就绪。随后,马匹通常会被安置在特制的运马箱中。这些箱子宽度适中,给马匹提供舒适的活动空间。

当飞机起飞时,专业的马工会牵着它们,安抚它们的情绪。毕竟,即使是勇敢的骏马,第一次坐飞机也可能会有点紧张。在飞行过程中,马工会定时检查马匹的状况,确保它们舒适、安全。

当飞机平稳降落,马匹的旅行也即将结束。它们会被小心翼翼地带下飞机,送往新的家。在这里,它们将开始新的生活,也许还会遇到新的朋友。

可见,马匹坐飞机远渡重洋需要精心的准备和专业的照顾。下次要是听说有马匹坐飞机时,不要感到太惊讶哦!

### (三) 马匹护照里的奥秘

在生活中,我们要证明自己的身份,需要居民身份证。不过,身份证明可不是人类独有的,马儿也有。马儿的身份证明叫"马匹护照",是由特定的组织机构颁发,完整记录马匹信息,用来确定马匹身份的证件。护照并不是强制办理的,但参加竞技比赛的赛马必须获得护照才能驰骋赛场。

那么,赛马的护照由谁来颁发呢?马匹护照分三类,分别由三种机构颁发。第一是中国护照,由中国马术协会颁发给中国国内自主繁育的马匹或没有护照的进口马匹。第二是国际护照,由进口马匹出生国家的马术协会颁发,凡是进口马匹的护照都是这种情况。

第三是国际马术联合会护照,由国际马联颁发,通常颁发给没有原始护照但要去参加高级比赛的马。

我们证明身份,除了需要身份证,还有很多辅助证件,比如户口本。同样,马匹也有辅助证件。一种是国际马联制作的马匹身份识别卡,可以和马匹中国护照或者国际护照配合使用;另一种是中国马术协会马匹识别卡,是中国马术协会为进口马匹在中国参加比赛而颁发的辅助证件,需要和国际护照配合使用。

马匹护照中都有哪些内容呢?打开护照的第一页,通常是马匹信息,记录了马匹的名字、性别、毛色、出生日期、电子芯片编号、父母亲信息,还有育马者、马主(产权者)信息等。值得一提的是,这里还会登记马匹外祖父信息。对的,你没有看错,是外祖父,而不是祖父信息。这是因为在看中血统的赛马界,一匹赛马的父系一般毋庸置疑都是血统优良的赛马,那么这时候它的母亲是否"出身名门"就显得尤为重要了,好的赛马需要集合父系和母系双方优秀基因。护照的第二页通常记录有马的外貌特征，如烙印、脑门上一缕白色的毛等，会采用传统手绘的方式进行登记。此外，马匹护照还包括赛马的历史健康记录、疫苗记录（需要注册执业兽医签字并记录免疫日期、批号、疫苗种类等）、传染病监测记录、比赛记录、过户记录等。

作为一个严肃的证件，马匹护照的使用也有规矩。马匹护照是马参加比赛的身份依据，无护照的马原则上不能参赛。马匹护照和我们的身份证件一样，需要小心妥善保存。如果护照被浸湿或发生缺页，很可能导致信息缺失，而赛事的举办方有权拒绝护照不可识别的马匹参赛。

### 三、马匹检疫管理

动物检疫是全世界普遍实施的一种强制性动物进出境管理措施，其目的是阻止危害动物及人类健康的传染病和其他有害生物随着动物及其产品在国际或地区间调运而发生人为传播蔓延。其所依据的法律法规及管理手段是伴随着人们对疫病疫情的发生、传播规律认识而逐步完善的，具体检疫内容包括临床检查、疫病检测、隔离以及必要的卫生处理措施。马匹检疫的目的是为保障马匹健康和马术产业安全所采取的综合措施。

《中华人民共和国动物防疫法》第四十二条规定："经铁路、公路、水路、航空运输动物和动物产品的，托运人必须提供检疫证明方可托运；承运人必须凭检疫证明方可承运。"

此外，从事动物运输的单位、个人以及车辆，应当向所在地县级及以上人民政府农业农村主管部门备案，妥善保存行程路线和托运人提供的动物名称、检疫证明编号、数量等信息。运载工具在装载前和卸载后应当及时清洗、消毒。

**（一）马匹的国内检疫要求**

马匹在国内的运输有严格的检疫要求。那么，具体都有哪些呢？

如果我们要带着马匹进行运输或者参加展览等活动，那就必须提前向当地的动物卫生监督机构申报检疫,需要提供一系列材料,包括检疫申报单、实验室疫病检测报告以及马匹的原始检疫证明和进出场记录等。

每匹马都得接受兽医的临床检查,这可不是简单地"看看"而已,而是要仔细检查马匹是否有任何传染病症状。一旦发现有任何异常,那可就得"拒之门外"了。而且,为了证明马匹的健康状况,还需要提供有效的健康证明。有些情况下,单靠临床检查还不够,还得进行实验室检测。比如,马传染性贫血、马鼻疽等疾病就需要通过实验室检测来确诊。这些检测可不是闹着玩的,得由专业的实验室来进行,以确保结果的准确性。

在某些情况下,马匹可能需要进行隔离观察。这就像是给马匹放个"小长假",让它们在一个安全的环境里休息,同时方便兽医进行更深入的健康检查。隔离期间,马匹得接受定期体温检测和临床观察,确保它们身体状况良好。

除了上述要求外,马匹还得符合农业农村部规定的其他条件。这些规定可能会根据疫情状况、地区差异等因素有所调整,所以马主得时刻关注相关政策的动态。

**(二)马匹的国际检疫流程**

如果我们在国外相中一匹"宝马",想要把它带回家,那可得好好了解一下马匹的国际检疫流程。必须确保这匹"宝马"来自获得中国检疫准入的国家和地区。每个国家都对动植物的进出口有着严格的规定,以确保本国的生态安全和农业稳定。

我们得找到合适的隔离检疫场。这个场地可不是随便找个空地就行,它需要符合一系列严格的标准。从周边环境到马厩建设,再到医疗设备配置,一样都不能少。而且,这个场地需要在马匹入境前至少10d进行封场消毒,确保一切干干净净,迎接即将到来的马匹。

有了合适的隔离检疫场,下一步就要向海关总署申请办理《进境动植物检疫许可证》。这个过程中,我们需要提供一系列文件和资料,包括马匹的身份证明、健康证明以及疫苗接种记录等。只有获得这个许可证,这匹"宝马"才能正式踏上跨国之旅。

在马匹离开出口国家之前,它需要经过严格的检查和隔离检疫,其中包括临床健康检查、官方实验室的检测报告,并保证有效的隔离期,获得官方认可的《动物健康证书》来证明它身体健康,没有携带任何有害生物或疾病。

当马匹抵达目的地——中国时,口岸海关人员会对马匹进行现场查验,检查它的身份、健康状况以及相关检疫证书。如果一切正常,马匹就会被送到之前准备好的隔离检疫场。

在隔离检疫场里,马匹需要度过一段观察期。其间,隔离场和运输工具等都需要进行消毒处理,以确保相关场所及接触人员与动物的安全。海关人员会在这里进行详细的检疫工作,包括审查货物系统信息、核对马匹身份、临床检查以及必要的实验室检测等。

总之,马匹的国际检疫流程就像是一场跨国的"接力赛",需要多部门、多环节的紧密配合。只有这样,我们才能确保每一匹进出境的马匹都是健康、安全的。